日本法译丛

法律に於ける進化と進步

法律的进化与进步

〔日〕牧野英一 著

孟祥沛 译

商务印书馆
创于1897
The Commercial Press

法律に於ける進化と進歩

牧　野　英　一

有斐閣十三年(1924 年)発行

根据有斐阁出版社大正十三年（1924 年）版译出

牧野英一（1878—1970）

专家委员会

译 者 前 言

对于日本法学家牧野英一（まきのえいいち，1878—1970）所著的《法律に於ける進化と進步》一书，民国时期朱广文先生曾将它翻译成中文，以《法律上之进化与进步》为书名，于1928年1月作为《法律丛书》第一种由上海中华书局出版。2002年，当我还在华东政法学院攻读博士学位时，接受何勤华教授的安排对朱广文先生的这一译本进行了点校。随后，点校本被收入何勤华教授主编的《中国近代法学译丛》，由中国政法大学出版社于2003年5月出版。由于朱广文先生的译本采用文言文，在一定程度上影响了现代人对于该书的阅读，因此，当商务印书馆王兰萍编审邀请我将牧野英一这本具有代表性的著作从日文直接翻译成白话文时，我便慨然应允，用了近一年时间完成了该书的翻译，确定书名为《法律的进化和进步》，希望更多读者能有机会阅读这本书并从中得到启示。

牧野英一1878年出生于日本岐阜县，1899年考入东京帝国大学，1907年成为东京帝国大学副教授，1910年留学英、德等国，1913年归国后任东京帝国大学教授直至1938年退休，1946年被选为贵族院议员，并任刑法修改调查委员会、法制调查委员会委员，1970年去世。

牧野英一的研究方向主要集中在刑法学和法哲学，他是社会法学派在日本的代表人物。1907年日本刑法公布时，牧野英一任东京帝国大学法科大学副教授，他于刑法诞生同时期开始研究活动，不仅介绍了当时外国的学说，而且锐意建立日本本土的刑法学。1909年，他以日本刑法典为中心，提出新派刑法理论。他通过《刑事学的新思潮和新刑法》一书高举反对传统概念法学的旗帜，力倡新的刑法理论，从而一举成名。1916年他出版《日本刑法》一书，以此构建新派刑法学理论体系。该书既涉猎国内外学说，又融合自己透彻的理论和新思想，为其后著述《刑法总论》和《刑法各论》奠定了基础。牧野英一一贯强调法律的社会化,要求加强"社会立法"和法官自由适用法律的原则,反对报应刑主义和客观主义刑法理论,主张目的刑、教育刑和主观主义的刑法理论。当他以 92 岁的高龄去世时,著作等身,其法学理论风靡一时,尤其是其教育刑论,已作为行刑的指导思想深入人心,其主观主义刑法理论亦在一定程度上对日本学界和实务界产生重要影响。

当然,日本学界对其学术主张也有不同看法。例如,有学者提出:"牧野英一将自由法运动引入刑法领域,以'解释无限论'昭示了对罪刑法定主义的消解,同时在犯罪的概念上一向主张主观主义,这引起了重视保护人权立场者警戒的目光"(平野竜一:「刑法総論Ⅰ」、東京有斐閣(1972)14 頁)。

牧野英一的主要著作有《日本刑法》《法律上的矛盾和调和》《刑法研究》《法律上的正义和公平》《法律的进化和进步》《民法的基本问题》《法理学》《刑法总论》《刑法各论》《法治国思想的展开》[①]等。

《法律的进化和进步》是牧野英一著述中非常重要的一部。全书分为正文和补遗两个部分。前者是本书的核心,后者则是围绕前者所做的进一步的补充和说明以及作者在相关问题上所发表论文的汇集。

牧野英一在本书伊始即开门见山地提出法律的矛盾性,即,一方面,"法律是社会生活的结果和社会存在的状态",即法律是社会的事实;另一方面,"法律是支配社会生活而运行的事物",即法律是社会的规范。作为社会的事实,法律本来就具有保守的性质;作为社会的规范,法律又不得不随着社会的发展而不断发展,所以法律在本质上终究是无法维持保守性的。要解决这个矛盾,就需要在法律的解释上予以突破。牧野英一主张"法律解释的解放",即"在法律解释中,不再从法律制定上和事实上的宗旨出发,而是代之以从新的社会理想出发,来推断法律的适用,这体现了在新的社会理想下的法律运用之道。由此,这种新的社会理想借助对法律缺陷的修补而发挥作用。"

关于法律的进化,牧野英一总结了 20 世纪以前的历史,试图归纳出法

---

① 中译本,柴裕红译,商务印书馆 2018 年。

律进化的规律。于此问题,他引用日本法学家穗积陈重(1855—1926)的研究成果,认为法律是从不成文状态进化到成文法状态;是从秘密的状态进化到公开的状态;是从义务本位进化到权利本位;是从公法而进化到私法。法律进化的事实和法则促使我们对以下两方面事项予以反思:第一,权利的观念并非如一些学者所认为的作为法律的核心观念是逻辑的必然。第二,权利观念以近代文化的特征为本质。由此可知,权利并非是法律发展的极致。以前的法律思想经过进化而形成现代的权利观念,现代的权利观念同样有可能通过进化再形成其他更进步的思想观念。同时,个人的自觉是以国家乃至社会共同生活为预定前提下的自觉,因此要像重视个人自觉一样高度重视共同生活。

当历史进入到 20 世纪之时,法学理论界流派纷呈。牧野英一在对自然法学派、历史法学派、功利法学派和社会法学派进行一一审视和评判后,鲜明提出"法律社会化"的论断和主张。

对于自然法学派,牧野英一认为其特色体现在两个方面:一是在研究方法上以自己的理性为基础;二是注重自由和意志。他肯定了自然法学派的进步意义,"其功绩就在于将我们从中世纪的束缚中解放出来,并奠定了对法律理想进行考察的基础。"同时他亦指出,自然法学派仅由自己的立场出发来论述法律的理想,故其理想虽然热烈而活跃,但其观点最终不免流于虚空。"自然法理论由于急于阐释理想法,对法律和社会生活的实际关系有所忽略,因而其改革运动大多难免过于突飞猛进。而且,自然法理论仅明确和强调法律应依从于理性,将一般民众对法律的信赖关系置之度外,导致该理论对于法律的现实意义不能洞悉清楚,因而其改革的主张往往举步维艰,难以实行。"

对于历史法学派,牧野英一认为其特色就集中体现在对于法律发展和国民精神的阐释。历史法学派将国民精神作为法律的基础,并将法律视为自然而然发展的事物,这既是其优点,也是其局限。"法律上的历史法学派则将法律的发展单纯视作当然的历史过程,……历史法学派的实证根据虽然确实坚固,但对于我们人类的自律作用却失之于视而不见";"历史派只是说明法律的进化,却未说明促其进化的原因;只是将历史作为自然事实进行探讨,却对人文的意义视而不见。"

对于功利法学派,牧野英一认为该学说大力提倡我们的自律活动和法律的实质意义,其舍"自由"而采"利益"的观点,恰恰强调并符合了社会在新发展趋势中提出的要求,只是,德国法学家耶林的功利说只强调个人之间相互的利益主张,却未能论及社会本身这样一个有机的统一体,未能清楚阐释法律的社会意义以及社会生活上的协作关系。

对于社会法学派,牧野英一认为,该派的学者虽然所倡导的宗旨互有差异,但其出发点都在于注重社会,其特点在于注重法律的缺陷,反对将旧式的法律概念套用在新的社会生活关系之上,主张旧式的法律概念只能置于旧的环境,对于新的生活关系,需要创设新的法律概念。同时,该派学者不仅仅将法律作为法律规范而使用,而是注重法律的实际作用,也就是其实用的意义,故而在法律解释上舍弃逻辑的方法,倡导目的论的态度。牧野英一对该派主张基本持肯定态度,他突出强调并一贯主张"法律社会化"的观点,因此他被认为是社会法学派在日本的代表人物。

何谓"法律的社会化"? 牧野英一认为,历史上个人主义、自由主义的兴起和法律从义务本位过渡到权利本位是历史的进步,但是随着社会的发展,正义观念将转化为公平观念,个人主义、自由主义将发展为团体主义,权利本位原则将过渡到注重共同生活的原则,此项新趋势就是"法律的社会化"。尽管由近世至现代法律的进化可归结为法律的个人化和权利化,但是,法律必须以团体生活的存在为前提,如果离开团体生活而单言法律的个人化和权利化,该用语本身就存在矛盾。一方面,所谓法律的个人化、权利化,是指法律从权力阶级的法律中脱离出来,从而成为一般庶民的法律,从这个意义上来说,个人化、权利化实际上即属于社会化的事实。另一方面,法律社会化是比个人化、权利化更高的原则,要将法律的个人化、权利化吸收到法律社会化的基本观念之内。因此,牧野英一最终得出结论:"从整体上对法律进化的趋势进行考察就会发现,法律的进化往往在于使法律社会化",这正是本书所要表达的核心思想。

　　在法律的进化和进步的关系上,牧野英一认为,进化非因其进化就当然地属于进步,同时,进步亦非仅因其为进步就当然地得以进化。所谓法律的进步,是站在价值判断的立场上来对进化的事实予以评判。当法律的进化由自律的方式促成时,可称为法律的进步。当我们依靠我们的规范意识对进化的趋势进行评判,由此构筑一定的理想并向这个目标努力时,我们的行动就转化为进步的活动。

　　牧野英一作为 20 世纪日本著名法学家,他对日本在 20 世纪现实生活中出现的许多法律现象和法律问题进行了研究。本书对公平主义、违法行为、无过失责任、权利滥用、法律行为效力、刑法的主观主义等诸多法学理论问题进行了分析,并对保证担保、土地租赁权、事实婚姻、工厂煤烟致害、电力盗窃、一厘事件等具体法律问题进行了深入探讨,其许多见解时至今日仍然能够发人深思,给人启迪。

　　当然,牧野英一在本书中所表达的个别观点也有值得商榷之处。

　　首先,作为社会法学派在日本的代表人物,牧野英一非常强调共同生活,认为个人自由只有在共同生活的预定前提下才能得以认可,因此,法律以共同生活为基础。这种重视社会生活基础的观点自有合理之处,但他过分强调共同生活以及共同生活之上的"法律社会化",并由此提出刑法的主观主义学说,却让人委实难以苟同。牧野英一反对报应刑主义和客观主义刑法理论,主张目的刑、教育刑和主观主义的刑法理论,认为:"刑事责任的轻重,并不完全应当依照犯罪事实的大小而定";"所谓行为的违法性应当是指该行为违反公共秩序和善良风俗。也就是说,虽然属于《刑法》分则各犯罪条文所规定的行为,只有同时违反了公共秩序和善良风俗,才能被视为犯罪。"然而,如果无视法律规定,无视犯罪事实,仅以是否违反"公之秩序、善良风俗"来作为判断罪与非罪的标准,仅以犯人恶性之深浅来作为量刑的依据,其结果很可能会导致有法不依和法官自由裁量权的任意扩大。

　　其次,牧野英一认为,法律应当是富有弹力的事物,随着社会生活的变化而变化,因此他主张"法律解释的解放"。为实现"法律解释的解放",他引用法国法学家萨莱伊所揭示的三种方法,即:第一是类推的方法。当法院不愿意适用法律上的一般原则,准备从自己所认为的正义观念出发来解决问题,而同时其他地方对于类似案件有明确规定且这种规定恰恰又与自己的想法一致时,法院就将该规定拿过来,作为解决自己案件的根据。从表面上来看,类推方法也不过属于普通逻辑方法的运用,但其背后的实质却是新理想法的活跃。这种新理想法的活跃,采用逻辑推理的形式,保证了法律的进化乃至进步得以平稳运行。第二种方法是直接诉诸社会上的一股思想。法律是以公共秩序、善良风俗为标准来确定法律行为效力的,因此适用这种方法的情况最为显著。于此情形,法律实际上是将解决的内容直接交给理想法。法院通过对社会上一般思潮的考察来适用相关法律规定。对于行为违法性的判断须依此方法进行,而在法律出现缺陷时亦是如此。第三种方法是比较法学的方法。法院在确认新理想之际,如果外国的立法例、裁判例以及学说对此予以确认时,法院在多数情况下会将之作为确认新原则的客观根据。牧野英一的上述观点,适用于民事裁判领域尚有一定道理,如果适用于刑事裁判领域,显然与世所公认的"罪刑法定原则"背道而驰,他在过分强调"法律社会化"之际不知不觉地陷入了实用主义、功利主义的泥坑。

再次,牧野英一对革命的态度、对社会主义的态度清楚表明了其思想的保守性。牧野英一认为,"法律的维持与法律的进化有时不能圆满融合,此种状态称为革命";"革命之事则应当断然避免。即使是以进步为目的的革命,其本身终归不是法律的现象"。牧野英一虽然认可自由主义原则的进步意义,"个人的自由是现代制度的基础。不过,最近的法制对于此项原则却动辄过度适用。如果对个人及所有权的解放过度推进,结果反而会造成对于个人及所有权的危险,所谓社会主义、共产主义之类的产生即属此类"。"从推行的目的上来说,社会主义不仅不能实现其推行的目的,反而对社会秩序造成破坏。……这种运动的主张在于'理',但由于其所采用的方法在于'力',因此我们对于这种运动采取放任的态度也是绝对不可以的"。

最后,牧野英一对于公平主义的过分吹捧以及对"富者生债务"原则的认可值得反思。牧野英一认为公平主义是一种相当完美和妥当的思想,并从公平分担主义出发,认为"富者生债务"原则虽然在逻辑形式上似乎非常不合理，但在实质上却非常合乎人们的常识。他说"作为公平观念的适用，对于富人因其为富人之故而令其承担更多的义务，这也是合理适当的事情。"因此认为，在确定责任时务必要对当事人的财产状态进行充分的考虑，对于同样的事实，若发生在穷人身上则不构成产生责任的原因，若发生在富人身上则产生赔偿义务。近些年来在我国的立法和司法实践中有一种突出的趋势，即在侵权责任的追究上，从"应该由谁赔"到"谁能赔得起"，从"加害人承担责任"到"富人承担责任"，隐含在这种趋势背后的即是所谓的"损失分担"理论和"富者生债务"原则。法律的目的当然是追求公平和维护正义，但如果不顾侵权行为的基本原理，无视法律责任与道德责任的区别，将公平和正义简单地理解为"劫富济贫"，将审判目的简单地理解为通过救济弱者来消除纷争，其结果无疑是背弃了法治的基本精神和基本原则，最终导致法律成为一纸空文。脱离了法律，公平和正义又将何以实现？

　　如前所述，民国时期朱广文先生曾将牧野英一所著此书翻译出版。朱广文先生对牧野英一的学术价值既有推崇，也有质疑："先生法律家而又哲学家也，实务的而又理想的也。以是之故，其辟旧说也，如冲锋陷阵，既无坚不摧；其化旧说也，如春风化雨，复万物归苏，读本篇及前后各篇可恍然矣。历来社会法学派之学者，仅断断焉推翻旧说别创新论，新旧之音，参商叹违，沟通之术，殊不之图，结果旧者虽失其势，而新者复苦于基础之难建，青黄不接，遂使人陷于危境矣。惟先生之说则异于是，此先生之所以为得其正也。先生名著甚伙，读之使人有众美毕具之感，若本书其一脔耳。虽然，世事日新，学理无穷，先生之说是否即可认为得当，又其所立各说皆属粗创大体尚未经详细之组织，此则关于其说成立与否之研究及细针密缕之工作，皆有待于世之学子，是又不可因眩于先生之说而即失诸盲从者也。"①在个别地方，朱广文先生对牧野英一的观点更是直接提出反驳意见，例如，关于法律的缺陷，牧野英一提出："从来的通说认为，虽然个别的法令不尽全面，但是作为

---

　　① 牧野英一：《法律上之进化与进步》，朱广文译，孟祥沛点校，中国政法大学出版社 2003 年，第 171—172 页。

全体的法律则是比较全面的。因此,大凡法律上的问题,总能够通过对法律规范进行逻辑上的思考和推断,从而得到解决的方法。"对此,朱广文针锋相对地指出:"上述通说,实为不合于实际之成法之迷信,甚有阻碍法律之进步也,夫将无做有,牵强附会以求解决,其解决焉能适切哉?"[①]

　　总的来说,朱广文先生的译本比较准确,能够做到基本忠实于原著。但该译本除了因采用文言文形式而不方便今人阅读外,还或多或少存在以下不足:第一,该译本未能将原著的前言部分译出,在正文的翻译中也有个别语句的遗漏;第二,该译本在一些词语的翻译上,采用生硬的音译的方式,导致这些译文晦涩难懂。例如,对于原著中的"ゾチャールポリチック""エコノミーソシャール"和"ジャスチファイ"(牧野英一:《法律に於ける進化と進步》、东京有斐閣(1924)140—142 页)等外来语(这几个词分别对应于英语的"Social Politics"、"Economy Social"和"Justify",理应翻译为"社会政治"、"经济社会"和"正当化"),该译本简单地以其读音分别翻译为"作齐牙鲁波利齐库"、"耶廓诺迷嘎西牙鲁"和"架斯齐发伊"(前引朱广文译本第107—109 页),读来令人不知所云。第三,朱广文先生在若干处译文中直接加入了自己的理解和观点,例如,"盖吾人法律生活之成立,系由于私力之公权化,而私力之所以公权化者,乃国家为共同生活而必要如斯也。是共同生活之维持,实为法律生活所不可缺焉者";"凡此皆系注重犯人恶性之深浅而期其底于改善也";"夫除权利思想外,既有诸种之观念得以说明法律现象,则又焉见权利思想与法律现象系唯一不易之必然的关系耶?是故博士所谓扣除权利关系即无所谓法律关系者,乃属不能成立之论断也";"如此宽泛无涯之责任,非特有碍于吾人之生存,且共同生活上岂尽有悉数负担之必要耶"等(分别见前引朱广文译本第 18、33、120、166 页)。这些论断都是原著中所没有的。原著"补遗"第七至第十的各个部分之间只有分节号,而该译本则为每个部分都增加了小标题。以上做法对于翻译工作是否妥当值得商榷。此外,该译本个别地方的翻译也不够准确,限于篇幅,不赘。

---

　　①　转上页注①。前引第 39 页。

　　本人在这次翻译之中的最大感受就是时光的飞逝和翻译的艰难,有时针对一句话甚至一个词语都不得不反复斟酌,结果往往是,大半天时间过去了,回首检视电脑中完成的翻译成果,也不过区区数行文字。尽管如此,由于本人才学浅疏,时间匆忙,因此翻译之中难免失当之处,尚祈大方之家多加指正。

孟祥沛

2019 年春天于上海

目　　录

补　遗

序　言

1917 年暑假,我受到满洲①铁路读书会的邀请,赴大连、长春以及抚顺等 1
地,举办数场关于法律思想的讲座,请容我在此对这些讲义要点予以公开。

在对讲义要点进行一定程度的归纳整理时,就不得不附加不少的解释
说明。讲座当时所面对的听众是并不具备法律基础知识的一般社会公众,
我只能一边添加一些必须考虑的事项,一边进行观点的展开。因此,在本书
出版之际,所应附加的解释说明也是不可或缺的。

我的这些讲义要点其后曾在《法学志林》杂志发表,发表之际添加了若
干引注,本书"补遗"中的第一至第六部分即属于此种情况。我本来考虑将
本书的全部内容都加上引注,但由于种种原因而不幸搁浅。

我意外获悉,法学院的一些学生对于我的这些文章非常喜欢。这是因
为去年发生大地震后,旧的《法学志林》杂志难以找到,有许多人向我索要刊 2
登有我文章的杂志。我原本考虑尽可能写成此书,但恐怕已没有机会。因
此,为适应人们的需要,我就在仅进行少量更改的基础上,斗胆将之作为我的
丛书之一进行出版。本书中的论述可能会有不妥之处,在此诚请读者谅解。

我本来打算将此书的补遗工作放在其他工作中完成,但这项工作不能 3
不说是永无止境的。因此,对于这本小书,我只能依托于不吝同情的年轻
人,希望大家能远远地领先于我的工作。

著者

大正十三年(1924 年)

8 月 1 日

---

①　中国东北。

第一节　法律进化的事实
和进步的理想

目　　次

1

一　对于法律的两种观点[①]

对于所谓进化 Evolution 以及进步 Progress，本书拟从法律现象着手进行探讨。

对于法律的理解存在两种观点：一种是将法律视作社会生活的结果和社会存在的状态，另一种是将法律视为支配社会生活而运行的事物。第一种观点认为法律是存在于社会本身的事物，第二种观点认为法律是存在于社会之外的力量，或者是从社会以外向社会所施加的力量。

例如，有法律规定必须尊重他人的所有权，也有法律规定债务人对其债务应当清偿，对于这样的规则为何要作为法律进行理解呢？

社会自身理所当然地要在尊重所有权和契约的前提下运行。如果设想要成立一个社会，则不能不尊重所有权和契约。也只有当我们在相互尊重所有权和契约的前提下生活之时，这样的共同生活才成为社会生活。

---

① 原书中将每节之下的小标题只集中放在该节开始之处，正文中不再使用小标题。为方便阅读，本译本将小标题再次穿插于正文之中。以下同。——译者注

2　因此,对于法律应如何制定的研究,实际上就是对于社会生活中此类现象的研究。

但是,在我们的共同生活中,如果有人不尊重他人所有权或者不履行契约,那么我们必将通过强制手段来使其尊重他人所有权并履行契约。换句话说,对所有权和契约的尊重是社会成立的基本要求。无论采取何种方法,都要对违反所有权和契约的行为予以强行制止。依靠这种强制措施,我们的社会生活才能得以维持和正常运行。因此,当我们站在法律应如何制定以及法律如何体现正当性的立场来谈论法律之时,我们实际上正是在探讨社会生活中的此类事项。

依第一种观点来理解,则法律是一种社会的事实;依第二种观点来理解,则法律是一种社会的规范。

二　存在两种观点的原因

3　　为何存在两种观点?这两种观点在理论上是否互相矛盾?

所谓事实,只是指"事物的存在"而已,至于该事物本身是好是坏则在所不问,故不包含价值判断的成分。也就是说,该事物本身哪怕是不好的东西,只要是现实存在的事物,也不能否认其属于事实。然而,所谓规范,是指"事物的应该存在",至于该事物在现实生活中是否实际存在则在所不问,只是表明该事物在实际生活中不可欠缺。如果现实生活中不存在该事物则被认为是一种不好的状态,务必要将其纳入社会生活才行。

上述两种观点从理论上来讲截然不同。所谓"事物的存在",无论如何不能视为"事物的应该存在";而所谓"事物的应该存在",则可以在一定程度上视为其于实际生活中未"存在",所以二者是完全不同的事物。

4　　然而,法律一方面是一种事实,另一方面是一种规范。这样一来,法律就同时具备两种相互矛盾的性质。

表面上看,法律似乎具有如此不可思议的性质,但实际上,这并不是法律所特有的现象。不仅法律具有两面性,人类也就是我们世人之间也同样具有矛盾的性质。

我们属于人类,当作为人而对自身进行反省时,我们就是自由意志的主体。从这个意义上来说,我们从欲望产生理想,为了实现理想而要求规范的存在,由此形成各种各样的道德现象。然而,从另一方面来看,人也不外乎动物的一种,作为动物的我们,与那些浑浑噩噩、求食逐利、时合时离的一般动物又有什么区别呢? 从这个意义上来说,我们在事实的束缚之下生活,受 5 自然法则的支配而不得逃脱。人类如此具有矛盾的性质,从人的现象到社会生活乃至法律同样如此,都难以摆脱矛盾的性质。

将法律和社会生活视作这样的事实而加以考虑时,我们就会认识到其进化的现象,这种进化遵循着重要的自然法则。但是,我们人类的生活因充满理想而积极向上。如果缺乏理想,我们每天几乎无法生活。没有理想的生活就是自暴自弃,与自杀无异。所以为了经营更好的生活,我们对于法律也要树立向上的目标。由此,确有必要对法律乃至社会生活的进步予以探讨。

三　几个实际问题

法律存在上述矛盾的性质,这在法律的解释适用方面体现得最为清楚 6 明白。

现在的法律都因一定的成文形式而成立并存在(虽然习惯和条理均得视为法律,但我国现在的法律几乎全部由成文法而组成)。这种成文法,一方面属于事实的范畴,是在遵守一定程序、按照一定形式基础之上形成的法律,对其存在,我们无法给予任何的否认或反对。但是,其作为法律的使命只有在对我们的社会生活施加规范时才得以存在。也就是说,我们的法律还应在我们的道德认同基础之上成立并存在。

我们日常所见的法律上的争议,多数场合起因于单纯的违法行为,例如有人窃取他人的所有物,或者有人不履行对他人的债务。于此情形,单纯根据事实,依据成文法的条文规定,对案件适用一定的制裁或强制方法予以处

理,我们就能得到道德上的满足。然而有时,当我们依成文法的条文规定处
理案件时,所得到的结果却不能达到道德上的满足,这种情况下的法律争议
才构成真正意义上的争议。之所以这样说,是因为在前面所讲的由违法行
为引发的法律争议中,败诉者对其败诉的结果,从内心来说并不持有异议;
而在后面所讲的适用法律结果与道德相悖的争议中,败诉者对其败诉的结
果,从内心来说就存有不服。要解决这样的真正的争议,一方面要对法律的
适用加以改善,另一方面要对法律进行立法上的修改。

　　下面提出几个相应的实际问题:一是保证担保问题,即保证人对于所设
立的无条件、无期限的保证担保,是否要依据成文法的条文规定而承担绝对
的保证担保责任? 二是事实婚姻问题,即男女双方只是事实婚姻关系,其婚
姻状况并没有向有关机关呈报,于此情形下,如果男方单独解除事实婚姻,
女方是否有其他救济之道? 三是土地租赁权问题,即为建造住宅而短期(例
如三年)租赁他人的土地,是否在三年后一定要拆毁房屋而归还土地?[①] 四
是工厂煤烟问题,即因为工厂的煤烟而导致田地荒芜的农民是不是只能抛
弃农业? 第五是窃电问题,即对于盗窃电力的行为,是不是不能视作盗窃他
人财物的行为而令其承担盗窃的罪责?[②] 第六是诸如所谓的一厘事件的问
题,即虽然违背法律,但是涉案标的的价值微不足道时,仍然要作为犯罪行
为处理吗?

　　如果仅依据法律条文的字面进行解释和适用,则上述诸问题的解决并
不困难。然而,一般社会大众对于普通的解决方法持有异议,这些问题遂引
发社会的争议。究其原因,这些问题都是因社会最新变动而导致的结果。
因此,对于这些新问题,长期以来所认可的解决方法,在我们新的社会生活
背景下,已不再被认为是一种公平的解决方法。也就是说,长期以来解决问

---

　　① 对于土地租赁权的问题,1921年法律第49号的《土地租赁法》已通过立法解决了此项问
题。不过,从我的立场来看,大地震后产生的临时居住房屋问题属于同样性质的问题。

　　② 对于电力盗窃问题,1907年法律第45号的新《刑法》已通过立法解决了此项问题(《刑法》
第245条)。然而,对电力盗窃以外的同类问题应予以考虑(参见拙著《刑法研究》第一卷第322
页)。

题的法律此时已丧失其作为规范的价值。

　　此类争议的重要意义体现在两个方面：一是与此类争议相伴而来的是新的社会现象即所谓新的社会问题，二是此类争议引发法律作为规范的价值重置。

　　对于新的社会生活背景下作为规范的法律加以探讨，这正是本人演讲 10 的主旨。①

---

① 　参见补遗第一节"进化和进步的关系"。

第二节　法律的进化

目　　次

一　法律与进化的精神

从各民族的角度来看,法律的沿革本来就多种多样,但从总体来看,我们就会注意到两个事实:第一,有一种法则在支配着法律的进化;第二,进化11 的事实对于我们的法律价值判断基础产生影响。探讨这样的法律进化法则并判断其文化价值,是法律社会学的任务。

如果只是将历史的事实作为事实而予以叙述,那就只能成为事实的简单累积,而单纯的事实累积难以形成结论。在事实的积累中寻找一定的演变,我们就能由此发现进化的事实;在此基础上,当我们发现进化的事实是遵循一定的文化精神而向上发展,我们就能确认进步的目标。

12 　　法律上的自然法学派仅由自己的立场出发来论述法律的理想;法律上的历史法学派则将法律的发展单纯视作当然的历史过程。自然法学派的理想虽然热烈而活跃,但其观点最终不免流于虚空;历史法学派的实证根据虽然确实坚固,但对于我们人类的自律作用却失之于视而不见。

只有通过对历史的理解来将我们的规范意识予以一定的评判和控制,

才能使理想富有实证精神;反过来,只有通过我们的规范意识将历史的事实进行汇总和整理,才能使历史富有理想①精神。本人将上述两方面合在一起简称为进化的精神,并从这个立场出发先对法律的进化予以回顾。②

二　法律的权利化

毋庸置疑,权利是现代法律的基础性观念。然而,进化程度较低的法律中,并不存在权利的自觉。东方国家的法律就不存在权利的观念。不仅东方国家如此,西方国家古代的法律也没有权利的观念。从权利观念发展的角度来看法律发展的概况,我们就会注意到以下四点事实。

第一,法律从不成文的状态进化到成文的状态。随着文字使用的日益 13
进步,法律也逐渐走向成文化。不过,从法律进化的实际情况来看,离不开种种政治、社会原因的共同推动。穗积陈重先生在其所著《法典论》一书中,列举了治安、守成、统一、整理、更新等五项因素作为法典编纂的理由,我认为这些因素同时也是不成文法进化到成文法的理由。③

第二,法律从秘密的状态进化到公开的状态。早期的法律仅仅体现为习惯和先例,其后的法律则由统治者和执法者所掌握和垄断,这两种情况都属于法律的秘密状态。在秘密的法律状态之下,国家组织被称为警察国家。近代的国家组织被称为法治国家,因而法律处于公开的状态。

第三,法律从义务本位进化到权利本位。古代的法律体现为习惯,因为 14
那时我们的社会生活非常简单。当我们的共同生活关系日益复杂时,国家生活也随之得以发展。此时,国家生活首先有强化团体基础的必要,所以自然而然地奉行秘密法,运用统治者最便利的手段统治民众。民众生活中从来不能依法律而主张权利,根本不存在现在所说的法治社会下的生活。因

---

① "理想"二字在原书中是"历史",疑为笔误,今改之。——译者注
② 参见补遗第二节"历史认识的本质和法律思想"。
③ 〔日〕穗积陈重:《法典论》,李求轶译,商务印书馆 2019 年,第 27 页。——译者注

此,当时的法律制度都以义务为本位,至于现在的权利本位则属于全新的事实。

第四,法律从公法进化到私法。民法之类的私法在产生之初只是作为诉讼程序而成立的法律。伴随着国家组织的发达,统治者与民众之间权力竞争的调和成为国家制度的重点。私法最早都以诉讼法的形式出现,即私权萌芽于要求国家提供救济形式的诉讼。

15　　综上所述,权利思想的发达可以说是近代文明的恩赐,来源于文艺复兴时期之后个人的觉醒,而个人的觉醒,在哲学上体现为脱离宗教权而独立出来的批判哲学,在经济上体现为从中世纪严加拘束的产业组织中脱离出来的自由主义。由此,在法律的范围内,权利本位的新法律思想遂应运而生。

权利思想在文化上的意义就在于,社会生活中的个人具有意识的本位,能够成为自律的主体。19世纪的文化正是这种思想的发扬。[①]

三　私法的个人化

上述事实可以从财产法和亲属法上加以考察。

16　　欧洲的私法渊源于罗马法以及日耳曼法。总体而言,财产法多依罗马法,亲属法多依日耳曼法。

罗马法的亲属法以亲权为中心。在罗马,家长将家中的一切权力归于自己,其他家庭成员几乎没有任何权利。妻要绝对服从于夫权;子女要绝对服从于亲权。子女的独立根本得不到允许,而且不论其年龄大小,都受到亲权的制约,其劳动所得亦全部归家长所有。罗马法的特色就在于,这种亲权不是为了整个家庭的利益而行使,完全只为家长的利益而存在。

罗马法的这种家庭制度,在拉丁系的国民之间逐渐缓和,并且一直维持到比较近的时期,这从法国和意大利等国家的情况便可看出。意大利在

---

①　参见补遗第三节"法律进化的法则"。

现行《民法》(1865 年)实施之前一直沿用这套制度。法国在拿破仑法典即现行《民法》(1804 年)实施之前,当时法国整个南半部所奉行的亦是罗马法的制度,只是由于现行《民法》的实施才对其进行改革,由此亲权转变为专为子女的利益而存在。一旦子女无亲权保护的必要时(即子女达到成年时),亲权即归于消灭。亲权人管理其子女的财产时,不得将子女的财产作为自己的财产而加以利用。这样的亲权制度几乎与监护制度无甚差异,而这样的亲权观念,实际上是日耳曼法上的观念。

与此相对应,在财产法的范围上,欧洲的私法则摒弃日耳曼法而沿用罗马法,这是因为很早以来罗马法的个人所有权制度就比较发达,而日耳曼法对于个人所有权的观念相对落后。日耳曼法向来维持其固有的土地共有权的观念,封建时代又存在其特有的土地所有权观念。尽管日耳曼传统法和 17 封建法都不承认个人单独对于土地所享有的绝对支配权,但时至今日,罗马法的个人所有权已得到普遍的承认并成为财产法的原则。

如上所述的法律发展的进程,清楚地表明了近代以来个人地位的自我觉醒。可以说,正是所谓的个人自由,构成了现代私法的基石。① 18

四　私力的公权化

此处拟对私力公权化这一法律发展的现象进行考察。

在国家生活整顿得井然有序之前,我们用以维护自身地位和利益的方 19 法,不外乎自力救济。换句话说,也就是复仇。关于责任的法律规定起源于复仇,对于这一点没有深加探讨的必要。

复仇既是刑事责任的起源,同时也是民事责任的起源。古代时期并不存在刑事责任与民事责任的差别。然而,复仇行为在性质上往往超越一般

---

① 　参见补遗第四节"近世法和罗马法及日耳曼法"。关于罗马法与日耳曼法的比较研究,平野学士著有《民法上的罗马思想与日耳曼思想》一书(1923 年)。

自卫的必要限度,大多情况下有害于社会共同生活的维持,因此伴随着国家生活的发展,势必要对复仇行为进行限制。

20　　所谓对复仇行为的限制,实际上就是将私力限定在一定的范围之内使其公权化。这是国家为共同生活的需要而对个人行动的限制,是迈向法律生活的第一步。因此,由限制复仇而更进一步的发展,便是同害刑、赔偿刑等制度的产生。时至今日,法律制度已不再承认自力救济的原则,而民事责任与刑事责任,也彼此分离而独立存在。自力救济的禁止,表明了在保护个人地位和利益的同时,要谋求社会生活的稳定与和谐。从这个意义上来说,称之为"私力公权化"非常合适。与私力公权化相伴而来的,是民事责任与刑事责任相分离的事实,这表明人们认识到,对于侵害行为有必要区分适用惩治和赔偿这两种不同的措施。在二者混淆不分的时期,如果以刑罚手段替代赔偿,这种处罚措施未免过于残苛;而如果以充分的赔偿来替代刑罚,这种措施亦属不当。因此,对民事责任和刑事责任加以区分,明确规定各自的要件和承担责任的程度,这样一来,一方面能充分发挥惩治和赔偿二者不

21 同的作用,另一方面将对于加害人的制裁限定在了必要的、合适的限度之内。

　　相伴发展而来的是过失(此处的过失是广义上的过失,包括故意和狭义上的过失)的观念。在单纯的自力救济时期,通常并不考虑加害者具有什么样的主观意思,但随着私力的公权化,需要将过失作为承担责任的原因。在民法上,故意与过失并无区别(《民法》第 709 条);在刑法上,则以犯罪意图(即故意)的存在为原则,以对单纯过失行为的处罚为例外(《刑法》第 38 条第 1 款)。过失观念的发展,表明了对于加害者人格的尊重也得以确认。这种观念的发展与权利观念的发展一样,在近代个人思想的发展中应当引起足够的重视。[①]

---

① 参见补遗第五节"私力的公权化"。

第三节　现在的几个法律问题

目　次

一　法律的社会化

在此拟通过对成为学界争议问题的几个事项的研究来对法律的进化进行评判。

所谓法律的权利化和私法的个人化，无疑含有个人主义的意味，这是近代以来个人觉醒的结果，也是中世纪到近代文化演进的必然过程。

法律上的个人主义，与政治上及经济上的个人主义一起，在推动文化发展方面发挥了作用，但不得不说，其主张并不全面。这是因为，所谓法律的权利化，意味着权利作为法律制度而得以保护，而这种法律保护的前提，是预定在权利背后具有团体的存在。私法的个人化亦具有同样的意味，假使团体自身尚未确实存在，则私法个人化的空间也不复存在。故不能不说，主张法律上个人主义的人们，可谓在受惠于团体生活的同时却忘记了团体生活的恩惠。在对私力的公权化进行考察时，很容易发现和理解这种现象。

正是由于私力的公权化,我们的法律生活才得以成立,法律上的个人主义才得以适用。在互不矛盾的限度内,不管从哪种意图出发,个人的主张都不能超越团体生活所必要的范围,这是我们的法律生活得以成立的条件。

对于私力的公权化,我们又称之为个人主张的社会化(Socialization)。即,个人并不单独以其个人的名义主张权利,而必须依靠公力来主张权利,这意味着将个人权利的主张通常预定在社会生活的前提之下。只是在19世纪初期,这种社会化的意义尚未得到充分的提倡和发扬,仅将之理解为个人的主张不得有害于共同生活而已。然而,经过19世纪以来社会的向前发展,个人主张社会化的意义日益醒目,所谓社会政策的立法就是其中最为突出的体现。我国的《工厂法》《简易保险法》[①]自不待言,其他如欧洲所颁行的各种强制保护法,在劳动者的地位上,均不放任其自由活动,而是由国家通过种种政策加以调整和干涉。依据此类制度,个人的自由虽然受到诸多的束缚,但同时个人的利益亦因此获得诸多的保护。国家之所以借国家之力强制推行这种保护方法,并非将个人作为单独的个人予以保护,而是为了达到共同生活的圆满,将个人的活动力相互调和而已。所谓法律的社会化,正是在对社会化的事实应当予以特别强调的意义上通常使用的词语。[②]

二　无过失责任及权利的滥用

然而,本人在此想要论及的并非诸如此类的新立法。对这些新立法,本人另寻机会作为其他问题予以探讨。

本人在此拟对法律制度的由来和变迁进行考察,其中一例就是无过失责任[也称为结果责任(Erfolgshaftung),或称为原因责任(Kausalhaftung)]。

①　最近应关注《健康保险法》(1922年法律第70号)。《失业保险法》等更是存在诸多问题。《养老年金法》亦是其中之一。

②　参见补遗第六节"关于法律社会化的杂论"。

将故意或过失作为侵权行为的必备要件,是近现代民法的原则。该原则起源于罗马法,而后为欧洲各国的民法所继受。然而19世纪以来,大工业飞速发展的结果是引发了大量的工厂危险问题。大企业的设备和设施,一方面对于其内部的劳动者存在造成损害的危险,另一方面对于一般社会也有 26 招致意想不到损失的危险。如果企业主在企业的运行中,确实已尽到满足现代科学发展要求的责任,那么,对于由此而导致的损害,企业主在主观状态上就不存在任何的故意和过失。于此情形,企业主是不是就不用承担任何的损害赔偿责任,这便成为应当探讨的问题。由此,与罗马法的过失主义相对应,主张企业主应当承担损害赔偿责任的所谓的无过失责任理论便应运而生。

关于企业对于劳动者的责任,《工厂法》及《矿业法》都有相关的明文规 27 定。例如,《工厂法》第15条规定:"职工非因自己的重大过失而在工作中负伤、患病或死亡时,则企业主应该依照敕令的规定,对职工本人或其遗属予以扶助。"《矿业法》第80条亦有同样的规定。此类现行法上所谓的"扶助",从其性质上来说,不如应当理解为赔偿的义务。

关于企业与一般社会的关系,则有大审院对某化学工业公司因排放煤烟而导致周边田地荒芜一案所作的判决。该判决认为:"从事化学工业的公司以及其他类似企业,为预防因其经营事业可能产生的损害,已完成了与企业性质相当的设备和设施,于此情形下,即便偶尔导致他人的损害,也不能视为侵权行为而令其承担损害赔偿责任。究其原因,此时从事该类工业的企业主,不具备《民法》第709条所要求的故意或过失的必备要件。"(1916年12月22日大理院第一民事部宣告)这份判决所依据的是过失主义理论,对于其说理中透露的冷淡,本人深感不满。

一般而言,如果企业的生产和经营行为存在可能引发危险的状态,则令其对于由此而发生的损害承担赔偿责任,这是比较合理的主张。公平(Equity)观念的要求正是如此。罗马法对原始的单纯的报复行为予以限制,从而产生过失主义,这个过程无疑是一种进步,也就是对侵权行为人的人格给予认可,并将正义的观念适用于责任问题,对于加害人亦要在符合正

28

义观念的基础上追究责任。但是,最近的社会颇有以公平观念取代过失主义的倾向。从受害人的角度出发,令加害人承担赔偿责任,这正是考虑到应当实现社会公平的结果,由此产生了所谓的由正义到公平的转化。例如,我国《民法》第717条规定:"因土地工作物的设置或保存有瑕疵而致他人产生损害时,工作物的占有人对受害人承担损害赔偿责任。但是,占有人为防止损害发生已尽必要注意时,损害应由所有人赔偿。"此项规定,准用于竹木的栽植或支撑有瑕疵的情形。再如,《商法》第354条规定:"旅店、饭店、浴场及其他客人云集的场所,客人所寄存的物品发生灭失或毁损时,营业主除能证明因不可抗力造成损害外,不得免除损害赔偿责任。"此项规定也是对无过失责任的采认。此外,某些情形下应考虑准用无过失责任,这主要体现在因他人过失而承担的赔偿责任。例如《商法》第322条、第337条、第350条关于运输合同的规定,第354条第2款关于顾客云集的公共场所中客人所携带物品的规定,第373条关于仓库业主的规定,第592条、第639条关于船舶运输的规定等,都是有关所有人或管理人因使用人的过失而承担赔偿责任的规定。虽然我国《民法》第709条以法典的形式明确将过失主义确定为侵权行为责任的基本原则,但适应现代社会的要求,在适用《民法》时,有必要充分考虑无过失责任原则的灵活运用。因此,无过失责任的原则,正体现了法律社会化的要求。[①]

与无过失责任论相关联的问题是所谓权利的滥用。从形式上的权利而言,权利人对于其权利既可以任意利用,也可以完全弃之不用。然而,从权利社会化、法律社会化的当然结论出发,充分考虑到权利的社会化,就会认识到权利应基于法律所确定的宗旨而行使。其结果是,如果权利人违反法律宗旨而行使权利,或者违反法律宗旨而不行使权利,都不能不归于一种不法行为。由是言之,权利人享有权利的同时也伴随着适当行使权利的义务。大审院曾在判决中提出:"毋庸置疑,权利当然应当在法律认可的范围内以适当的方法行使。权利人在行使权利之际,如果因故意或过失而超越其范

---

①　参见补遗第七节"无过失责任"以及拙著《法律上的正义和公平》第185页。

围使得权利行使行为失当,并由此侵害他人权利时,根据侵害的程度将其视
为侵权行为。"(1917 年 1 月 22 日大审院第二民事部宣告)①对于权利的滥
用,德国《民法》有两项有名的规定:一项是第 226 条所规定的"权利的行
使不得以损害他人为目的",另一项是第 826 条规定的"以违反善良风俗
的方式故意对他人施加损害的人,对他人负有损害赔偿义务"。瑞士《民
法》第 2 条对于权利的滥用亦有明文规定:"任何人都必须诚实守信地行
使其权利并履行其义务。明显地滥用权利,不受法律的保护。"此外第 41
条第 2 款关于违反善良风俗行为的责任,与德国《民法》第 826 条规定 32
相同。②

　　权利人在享有权利的同时负有行使的义务,这一点在工业产权、矿业权
等领域体现得最为明显。例如,《专利法》第 41 条第 1 项规定:"获得专利后
无正当理由而连续三年以上在国内不适当实施其发明时,出于公共利益的
需要,专利局可基于利害关系人的请求而授予其专利使用权,或者撤销专利
权人的专利;专利局也可依职权撤销专利权人的专利。"再如,《矿业法》第
40 条规定:"矿业权所有人无正当的理由而由注册之日起一年内不经营其 33
事业,或者休业达一年以上,或者不依施工计划进行采掘时,则农商务大臣
可以撤销其矿业权。"此外,与之相同,政府将殖民地的土地付与个人时,必
然附加开垦的义务。根据北海道《国有未开发土地处置法》(1908 年法律第
57 号),国家将土地无偿拨付之际,先称为无偿借付,至开垦成功后才真正
拨付。如果借付人在土地开发过程中违反法令规定,或者违反预定的开发
目的,则取消借付(同法第 3 条、第 14 条)。此处的用语无论采用拨付还是 34
借付,都体现了无偿取得土地者必须同时负担所有权行使的义务。

---

　　①　此判例形式上表现为权利的滥用,然其实质是在阐明无过失责任。案件事实是,铁路上火
车煤烟将铁道旁边的松树熏枯致死。判例对于松树的枯死,认定铁道经营者存在权利的滥用,然而
并没有判决即行停止火车的运行。判例仅对于松树枯死的结果,从受害人不应忍受损害这一社会
观念的角度出发,明确认定铁道经营者的损害赔偿责任。如此说来,该判例的意义应归于其对无过
失责任的采认,于此意义上该判例才称得上富有趣味。然而,该判例在说理之中却极为注重权利滥
用理论,对此应给予特别注意(参见拙文《具体的妥当性》,《法学志林》第 24 卷第 10 号第 12 页)。

　　②　参见补遗第八节"权利的滥用"。

三 法律行为的效力及解释

下面对法律行为的效力及解释略加探讨。

对于法律行为的效力,首先应注意的是《民法》第 90 条"以违反公共秩序或善良风俗的事项为标的的法律行为无效"的规定。凡是法律行为,当事人都期望以之达到一定的法律效果(如买卖或租赁),故法律赋予这种法律效果。从这个意义上来说,其性质属于个人主义。法律理所应当地规定不得违反公共秩序和善良风俗,这体现了此种规定在形式上的意义。但是,我 35 们可以稍微偏离其宗旨而对此项规定进行解释。法律之所以对法律行为做出特别规定,是因为对我们自由活动的保护,能够在促进我们共同生活的发展中取得良好效果。因此,对我们自由活动的保护,只能维持在此宗旨的范围之内,而其结果亦局限于维护公共秩序和善良风俗。也就是说,《民法》第 90 条公序良俗的规定,并非对于法律行为的限制,而应理解为对法律行为原则的明示。

这种观念对于法律行为的解释具有显著影响。即,当法律行为的解释体现为合同内容的确定时,应当基于当事人的意思进行解释,还是应当基于 36 共同生活中法律事件的本质进行解释?

首先,保证担保合同就属于此类问题。当我们设立保证担保之时,通常并未特别约定条件和期限。这样一来,不能不说保证人的责任实际上过于重大,从共同生活中公平的立场出发,势必要对保证人的责任附加一定的限制。对此有相关判决认为:"当保证担保合同未定期限时,保证人得依一方的意思表示提出将来解除合同的声明。由于存在此解约声明,因此在充分考虑各种具体情况的前提下,经过一定时间即产生解约的效力。虽然这种情况下保证担保合同的解除需要经过一定的时间,但是如果债务人已有违约行为,法律上解除合同的原因业已发生,而债权人却不解除合同时,则保证担保人可以依自己一方的意思表示解除保证担保合同(1915 年 10 月 28

日大审院第二刑事部宣告）。"该判例采取了与意思表示法律条文的字面意 37
思有所偏离的立场,基于我们的法律生活对保证担保的性质进行了适当的
理解和解释。①

其次是土地租赁权问题。例如,时至今日,在东京市经常发生这样的事
情,即许多人为了建造住宅,向他人短期租赁土地,租期为二年或三年。但
是实际上好不容易建造的住宅,难以做到经过二三年就进行拆除,因此土地
承租人往往也不会在合同约定的期限届满时立即归还土地。对此,如果土
地出租人一方抓住短期合同的把柄,逼迫承租人提高土地租赁价格,一旦承
租人不同意,就要求承租人归还土地,由此引发土地归还请求之诉。对此,
土地租赁人的主张是:第一,不管是在《民法》施行前还是在《民法》施行后,
东京市存在这样一种法律习惯,即土地租赁之后在土地上建造房屋如果存 38
在,则租赁关系在房屋朽废之前持续存在,对于当事人,推断其存在遵守该
法律习惯的意思。第二,对于以建造住宅为目的而短期或未定期限而租赁
他人土地的承租人,如果确认租赁合同中短期条款的效力,或者对期限未定
的租赁行为依据《民法》第 617 条的规定于出租人声明解约后经过一年即确
认租赁关系消灭,都属于不正确的看法。尽管对于以耕作为目的而使用土
地的行为,适用《民法》的相关条文进行处理并无大碍,但对于以建造住宅为
目的的租赁行为,如果不将之视为较长时间的租赁关系,未免不太妥当。然
而,我国的判例在这一问题上却采取了不利于土地承租人的解决办法,一方
面对前文所述当事人存在遵守东京市相关法律习惯的主观意思避而不谈, 39
另一方面认为《民法》第 617 条的规定在法律条文中并未将住宅房屋排除在
外(1915 年 7 月 31 日大审院第三民事部宣告)。我对于该项判决有不同意
见。该项判决完全无视对于都市土地的适当利用。土地的适当利用即所有
权的适当行使,换句话说,从共同生活的立场出发,如果充分考虑权利本来
的使命,在都市土地的利用上,就不得不对土地承租人给予适当的保护。然
而,大审院却维持陈旧见解,在案件处理方法上拘泥于立法的字面意思,其

---

① 参见拙稿《具体的妥当性》,《法学志林》第 24 卷第 39 页。

结果是,随着《借地法》(1921 年法律第 49 号)与《借家法》(同年法律第 50 号)的到来,大审院判例所采用的处理方法被轻易废弃。①

40   再次是事实婚姻的问题。现行《民法》第 775 条第 1 款规定:"婚姻依呈报而成立"。然而在我们的现实生活中,未进行婚姻呈报而实际上即以夫妻名义共同生活的情况比比皆是。而且,夫妻一方(特别是男方)完全基于自己单独一方的意思而无理由地要与对方解除事实婚姻关系的情况相当常见。事实婚姻在法律上向来不具有法律效力,因此,纵然发生了上述事情,被抛弃的女方当然没有其他救济的途径。不过,最近的判例已开始确认被抛弃一方的损害赔偿请求权,该判例认为:"尽管事实婚姻在法律上不能强

41 制履行,但如果一方当事人没有正当理由却违反约定,导致相对人因信赖事实婚姻而遭受物质上或精神上的损害,该当事人对此应当承担相应的赔偿责任。"(1915 年 1 月 26 日大审院民事联合部宣告)②

四 刑法的主观主义

刑法上的一些问题在此一并予以探讨。报应刑主义一直被认为是刑法的基础观念。所谓报应刑主义,是指主张基于正义的要求为实现因果报应而对犯罪适用刑罚进行惩处的思想。换句话说,刑罚是一种犯罪责任解除方法。此种观点完全是从个人主义的角度思考问题,如果从社会的立场来看,则完全没有意义。报应刑主义的刑法思想从中世纪擅断的刑罚制度中

---

① 对《民法》正文所进行的文理解释因过于严苛而不当,由此采取调解主义,《借地借家调停法》(1922 年法律第 41 号)即是如此。后来,调解主义更是扩张到佃农问题(1924 年法律第 17 号的《小佃调停法》)。

《借地借家调停法》在处理震灾事件中发挥了重要的意义,此后的《借地借家临时处理法》(1924 年法律第 16 号)更彻底地贯彻了《借地法》、《借家法》的精神,调解主义得以进一步扩大化。

参见拙稿《具体的妥当性》(《法学志林》第 24 卷第 10 号第 4—5 页)和拙稿《最近法律现象上的调解及陪审》(《法学志林》第 25 卷第 6 号)。

② 参见穗积博士《事实婚姻有效判决的真正意义》(《法学志林》第 19 卷第 9 号)和拙著《具体的妥当性》(《法学志林》第 24 卷第 10 号第 2 页)。

脱胎而来并栖息于近代系统的刑法理论之下,这在法律文化发展史上具有重要意义。但是,对于这种所谓的以正义为本位的刑法思想,从两方面考虑 42 应当加以改正:第一,在这样的刑法思想的指导下,不但犯罪数量未见减少,反而社会上累犯的数量在惊人地增加,可见有必要大力提倡刑法在社会防卫方面的作用;第二,随着关于犯罪及刑罚的人类学、心理学以及社会学研究的进步,人们对于犯罪人的特殊心理及其对于刑罚的感应更加清楚,其结果是,长期以来的刑法制度即犯罪责任解除主义的刑法制度走向废止,取而代之的是所谓社会防卫主义的刑法,由此,主观主义的刑法理论得以提倡,这主要体现在以下四个方面。

第一是《刑法》第 25 条至第 27 条规定的缓期执行制度。按照以前的报应刑主义的观点,对于轻微的犯罪应适用轻微的刑罚予以报应。然而实际上,轻微的刑罚即短期自由刑往往造成犯罪人的恶化,因此,才设立了缓刑制度来作为解决对策。

第二是累犯加重制度。对于累犯加重问题,长期以来努力的方向在于刑罚程度与犯罪程度比例相当。旧《刑法》第 91 条至第 93 条规定了对累犯 43 加重一等处罚,新的《刑法》则对此予以修正,在第 57 条将累犯刑期扩大到两倍,以此达到将经常犯罪之人与社会进行充分隔离的效果。

第三是新《刑法》对刑期裁量范围的扩大。刑罚长期以来被区分为重罪、轻罪、违警罪三种类型,但刑事责任的轻重,并不完全应当依照犯罪事实的大小而定。例如,对于杀人这样的重罪,最高刑可以是死刑,最低刑只是三年的有期徒刑(《刑法》第 199 条);对于盗窃这样的轻罪,最低刑只是一个月的有期徒刑,重大的盗窃犯罪可以判处 10 年有期徒刑,对于累犯最高可以判处 20 年有期徒刑(《刑法》第 235 条)。

第四是治安处分的提倡。从社会防卫的立场出发,对于少年犯罪人、精神病犯罪人等,应当与一般犯罪人一视同仁。至于少年犯罪人、精神病犯罪人等特殊群体与一般犯罪人之间的差异,只体现在处置方式上有所不同。44 因此,少年审判法院的设立和精神病犯罪人的监禁成为目前的新问题。随之,《少年法》于大正十一年(1922 年)法律第 42 号公布,自大正十二年

(1923 年)1 月 1 日起开始实施。

毋庸置疑,围绕以上这些问题,基于谋求共同生活的圆满而提出的诸多主张,对于 19 世纪初的个人主义思想,不能不称为巨大的变革。①

五　行为的违法性

刑法中仍有一个应当引起注意的问题,那就是行为的违法性。虽然某种行为符合《刑法》分则关于具体犯罪行为的规定,但如果这种行为属于职务上的行为(例如监狱管理人员执行刑罚、司法执行人员实施强制执行等行为之类),或者这种行为属于正当防卫或紧急避险的行为,那么这种行为不能认定是犯罪。由此可知,犯罪的成立,除了需要具备杀人、盗窃等《刑法》分则各条所规定的行为之外,还需要具备一个必备要件,那就是行为的违法性。

对于行为的违法性,向来缺乏明白的解释。不仅法律上的相关规定非常不完备,而且在所谓的罪刑法定主义和司法独立思想的影响下,行为违法性这一原则一直难以得到妥当的应用。所谓的罪刑法定主义,是指将何种行为确定为犯罪以及对之要处以何种刑罚都要预先明确规定于法律之中的思想。所谓司法独立思想,是指在三权分立原则的结果下法院的职责仅限于对法律的逻辑适用。毋庸置疑,这二者都是由 19 世纪初个人主义思想而产生的原则,《刑法》只是从条文字面上体现了此类原则适用的倾向。

然而,由于现实生活中存在某些情况,即根据法律规定,对没有处罚必要的行为也要给予处罚,结果便引发了对于《刑法》的反抗。缓刑制度是从立法上进行的反抗,微罪不纠是从行政上进行的反抗。由此,所谓行为违法性的观念,在司法上也逐渐趋于明确清楚。

所谓行为的违法性应当是指该行为违反公共秩序和善良风俗。也就是

---

①　参见拙著《现代的文化和法律》第 273 页以及补遗第九节《少年法》的成立。

说,虽然属于《刑法》分则各犯罪条文所规定的行为,只有同时违反了公共秩序和善良风俗,才能被视为犯罪。执行公务的行为当然不是犯罪行为,正当防卫和紧急避险行为同样不是犯罪行为。推而言之,凡不违反公共秩序和善良风俗的行为,都不应当被视为犯罪行为。对此,新《刑法》在内容上很不完备,只是在法律中特设一个条文,仅规定对于因法令或正当业务而采取的行为不予处罚(《刑法》第 35 条)。与此相对应,在所谓的一厘事件(即违反《烟草专卖法》但违法行为涉案标的仅为价值黄金一厘的烟草的案件)中,法 47 院判决行为人无罪(1910 年 10 月 11 日大审院第一刑事部宣告),这一判决饶有趣味。①

　　对于《刑法》解释在此需要特别说明的是,《刑法》一方面因行为违法性之类观念的影响而在适用上受到一定的限制,另一方面基于社会防卫的需要又在某些适用上得到一定的扩张。作为罪刑法定主义的要求,对《刑法》的解释务必要严格妥帖,然而对于电力盗窃事件,则出现了新的问题。新《刑法》明确规定在盗窃犯罪中将电力视为财物(《刑法》第 245 条),但旧《刑法》及其他立法例却并没有类似的规定,因此当时的一般解释就是"所谓财物即有体物的意思"。现行《民法》也明文规定:"本法所称物谓有体物"(《民法》第 85 条)。从严格解释法律的立场来看,在新《刑法》将电力视为财物的相关规定出台之前,对电力盗窃行为不得不归于无罪。然而,我国大审院在旧《刑法》有效的背景之下,却对电力盗窃采认了有罪说(明治三十六年, 48 1903 年 5 月 21 日大审院第一刑事部宣告)。法国与日本相同,以电力盗窃为犯罪行为,而德国则经过司法界的激烈辩论后,认定电力盗窃无罪,因而对于电力这种特殊事物另行制定新的法律来解决问题。②

---

①　参见拙著《行为的违法和不作为的违法性》的"序言"以及补遗第十节"一厘事件的回忆"。
②　参见拙著《刑法研究》第 1 卷第 360 页,以及拙著《刑事学的新思潮和新刑法》(第 4 版)第 1 章第 39 页。

六　法律的缺陷

最后的问题是法律的缺陷。通说从来认为,虽然个别的法令(Gesetze)不尽全面,但是作为全体的法律(Recht)则是比较全面的。因此,大凡法律上的问题,总能够通过对法律规范进行逻辑上的思考和推断,从而得到解决的方法。

时至今日,此种观点引起人们的诸多反思,出现了认为法律确实存在缺49 陷的主张。随着社会的发展,各种各样的新生事物得以产生,而以前制定的法律不可能对此完全能够有所预料。对于法律的缺陷总归要采用什么方法加以弥补,由此,如何发现法律之外的法律便成为此际的问题。

同时,在解释法律的方法上,一般的潮流也发生了改变。以往的逻辑方法被认为过于偏狭。对于现时成文的法律,在确定其实际上的适用之时,除了单纯的逻辑方法以外,还必须采取充分考虑结果上实际公平的方法。

50 以上转变体现了法律问题的处理已脱离了从前的传统思想。一定的法律都是建立在其制定之时一般思想的基础之上,因此,如果站在立法之时一般思想的角度来思考法律问题的处理,必然认为对法律的缺陷无须过于夸大其辞。至少,由此立场出发而认可法律的全面性并非当然不妥。然而,如果站在法律适用之时一般思想的角度来予以评判,我们就会对法律规定有诸多的不满。从这个意义上来说,对法律的缺陷以及法律解释的新方法务必要给予高度的重视。所以,在 20 世纪初的法学上,如此之类所谓的方法论(Methodology)便成为争论的焦点。①

---

① 本人的《民法的基本问题》(1924 年)从这个立场出发对关于法律解释尤其是民法解释的最新思潮进行了探讨。

第四节　法律思想的发展

目　次

一　自然法学派

近世以来,法律理论的发展始于自然法理论。

伴随着宗教改革以及文艺复兴,从中世纪的束缚中解放出来的自由精神,首先考虑的便是人类的自然状态,然后由此出发而提倡民约论,探索理想的国家状态以及理想的法律。也就是说,在现行法律之外,与现行法律完全分离而存在着另一种法律,这就是所谓的法律二元论。

自然法理论的代表学者有两位,此二人虽然都提倡自然法,然而最终却得出完全相反的结论。

其中一位是格老秀斯①。他把人类的天性作为自然法的基础,认为自然法应从人的理性和社交性出发而进行判断。因此,依靠人的社交性,人类从自然状态进入到社会状态,国家作为契约的结果而得以成立。

---

① 格老秀斯(Hugo Grotius,1583—1645),荷兰法学家,古典自然主义法学派主要代表之一,近代国际法奠基人,著有《战争与和平的权利》《荷兰法律导论》等作品。——译者注

另一位便是霍布斯①。他将人类的自然状态视作是"人对人的战争"(bellum omnium contra omnes),为了消除战争状态(status belli)而实现治安状态(status pacis),于是每个人依据契约,将其全部或部分的自由让渡给某一个人或某一群人,由此国家得以成立。

认同格老秀斯一派观点的学者们讴歌暴君放伐论,与之相对应,认同霍布斯一派观点的学者则讴歌君主专制,主张国家的绝对支配,认为唯有如此才能实现人类自保的目的。从现实情况来看,一方面产生了法国革命(1789年),代表着暴君放伐论的胜利,另一方面产生了近代的主权绝对论,它实际上只是君主专制论的一种表现形式。

完成民约论的人是卢梭②。他在社会契约论中提出所谓公共意志(volonté générale)的观念,认为各人依据社会契约将自己权利的全部让渡给共同体,进而又从共同体领受同样的权利,由此各人得以保有其权利,而同时又以共同体的力量通过公共意志来保护其权利。

自然法理论的特色体现在两个方面:一是在研究方法上以自己的理性为基础;二是注重自由和意志。在理论上完成此学说的人实际上是康德③。康德亦主张民约论,但其民约论局限于纯粹的观念。康德认为,国家及法律基于契约而产生,服从于依理性要求的 Postulat der Vernunft④。最终,康德的主张以所谓的无上命令(kategorischer Imperativ)为基础。

毋庸置疑,自然法理论是近代个人觉悟的结果,自然法理论的主张应归属于个人主义,其功绩就在于将我们从中世纪的束缚中解放出来,并奠定了

① 霍布斯(Thomas Hobbes,1588—1679),英国哲学家,古典自然法学派主要代表之一,著有《论政体》《利维坦》等作品。——译者注

② 卢梭(Jean Jacques Rousseau,1712—1798),法国启蒙思想家,哲学家,古典自然法学派的主要代表之一,著有《社会契约论》《论科学与艺术》等作品。——译者注

③ 康德(Immanuel Kant,1724—1804),德国古典唯心主义创始人,曾任哥尼斯堡大学教授,著有《纯粹理性批判》《实践理性批判》等作品。——译者注

④ 原书中的日语词汇只是对这一用语的音译,根据李明辉《康德的"何谓在思考中定向"及其宗教哲学意涵》(《国立政治大学哲学学报》第 29 期,2013 年 1 月,第 173 页)一文,该用语意为"理性的设准"。——译者注

对法律理想进行考察的基础。

二　历史法学派

自然法理论主张其理想法普遍存在，不受时间和空间的限制，历史法学 55
派的主张则全部建立在与之截然相反的立场之上。历史法学派认为法律应
体现国民精神（Volksgeist），正如不同时间、不同地域产生不同的语言一
样，法律也应因时间和地域的不同而有所差异；正如语言会自然而然地发生
变化一样，法律也应自然而然地发展变化。这就是法律的一元论。

历史法学派的代表人物是萨维尼①，正是他在 19 世纪之初与蒂鲍②展
开法典论争③。当时，蒂鲍是海德尔堡大学的教授，1814 年著有《德国一般
民法的必要》（Über die Notwendigkeit eines allgemeinen bürgerlichen
Rechts für Deutschland ）一书，主张当务之急是法典编纂。萨维尼是柏林
大学的教授，于 1815 年著有《关于立法及法学的现代要务》（Vom Beruf
unsrer Zeit für Gesetzgebung und Rechtswissenschaft）一书，对蒂鲍的观点
提出反对意见。萨维尼认为，法律是自然而然形成的，（不顾客观条件的限
制而）人为地制定法律实属不当，因此，德国的当务之急在于研究法律的历
史，查明由来，以此清楚理解法律的真意。

历史法学派的特色就集中体现在对于法律发达和国民精神的阐释。自 56
然法理论由于急于阐释理想法，对法律和社会生活的实际关系有所忽略，因
而其改革运动大多难免过于突飞猛进。而且，自然法理论仅明确和强调法律
应依从于理性，将一般民众对法律的信赖关系置之度外，导致该理论对于法

①　萨维尼（Friedrich Karl von Savigny，1779—1861），德国法学家，历史法学派的主要代表人
物之一，曾任柏林大学教授，著有《论立法和法学的当代使命》等作品。——译者注
②　蒂鲍（Anton Friedrich Justus Thibaut，1774—1840），德国法学家，曾任海德尔堡大学教
授，著有《德国一般民法的必要》等作品。——译者注
③　参见穗积博士《法窗夜话》第 98 页。

57 律的现实意义不能洞悉清楚,因而其改革的主张往往举步维艰,难以实行。

历史法学派将国民精神作为法律的基础,这既是其优点,也是其局限,因为法律意识并不只为各个民族所独有。我们通过比较法的研究,便可得到诸多对于改革的启示。同时,历史法学派将法律视为自然而然发展的事物,这既是其优点,也是其局限。人们并不是无意识地从前代继承法律意识并传之于后代,而是以自律的态度对其进行改良和发展。从这个意义上来说,我们务必要进行新的法律理想的研究。不过,如同历史法学派所主张的,法律是一种团体现象。作为一种发展的事物,它必然要遵从一定的法则依一定顺序来实践和完成进化的过程。

三　功利法学派

58 　　历史法学派指责自然法学派缺乏实证的基础,而耶林①则指出历史法学派在法律观上无视法律自律发展的缺点,并由此而另行创立一个学派。耶林虽然承认法律和语言一样是一种自然发展的事物,但认为与平稳发展的语言不同,法律往往体现为人格与人格之间的斗争。

从耶林的观点可将其归于目的说、功利说。所谓目的说,是指在法律生活上,不能将我们的行动仅仅看作是单纯的行为本身,而是应当将其看做实现一定目的的方法,而这个目的正是为了满足我们的利己心(限于学理上意思)。

依照耶林的观点,所谓法律的进化,是从单纯的事实而得出的一种理论。作为一名学者,耶林在法律适用中采用了与生存竞争、自然淘汰等概念全然不同的用语(争斗及利己心)。也就是说,在法律生活上,只有对自己的权利进行充分的主张,才能借此达到人格的保全。如果我们缺乏将权利主

---

　　①　耶林(Rudolf von Jhering,1818—1892),德国法学家,曾在吉森、格廷根等大学任教,社会法学派的代表人物之一,著有《为权利而斗争》《罗马法的精神》等作品。——译者注

张彻底贯彻的意思和实力,那么我们必然面临被剥夺生存机会的危险。法律的目的固然在于和平相处,但只有斗争才是实现和平的手段。因此耶林认为,对于权利的侵害只要一息尚存,人们的争斗就绝不可停止。 59

法律进化的事实就这样地被理化论,并由此而道德化,这主要体现在:第一,功利说大力倡导我们的自律活动,这在历史法学派的主张中全然不见;第二,功利说将法律的理想归于和平。只是为了实现理想,我们的生活才会充满斗争,而这种斗争只有在实现理想的目的上才具有意义。

功利说更是大力提倡法律的实质意义,将法律视为以我们的生活本身为目的而存在的事物,因此,对于正义这种空泛的观念并不重视,而是主张利益的观念,认为权利的本体并不在于自由或意志,而应归于利益。这是因为,经过 19 世纪以来社会的变化和发展,人们对于法国大革命的功过已有清楚的认识。虽然法国大革命打破了中世纪的阶级制度,赋予了我们自由, 60 但在 19 世纪的经济变动中,又产生了资本家阶级和工人阶级之间的斗争。耶林虽未论及如此深刻的社会问题,但其舍"自由"而采"利益"的观点,恰恰强调并符合了社会在新发展趋势中提出的要求。

我们对于耶林学说感到有所遗憾的地方,正是他所说的个人态度。耶林提出利己心论、权利论,只强调个人之间相互的利益主张,却从未论及社会本身属于一个有机的统一体。不过他认为,主张权利也是权利人的义务,只有各人主张各自的权利,共同生活才能得以维持。同时,他所说的利益的观念,要从长远而宽广的视野下予以确定。由此可见,耶林在其权利以及利益观念上,已经揭示了从个人意义转化为社会意义的关键所在,而最近的新 61 理想主义即由此而产生。

四 社会法学派

耶林从进化论的立场对法律的自律发展予以阐释,从某种意义上将自然法学派的理想主义与历史法学派的经验主义合二为一。耶林探讨了法律的个人意义,然而在论及共同生活上的竞争关系时则止步不前,未能清楚阐释法律的社会意义以及社会生活上的协作关系。由此,从 20 世纪开始,社会法学派遂发展起来。

一言以蔽之,社会法学派的学者虽然所倡导的宗旨互有差异,但其出发点都在于注重社会,可谓殊途而同归。

有学者从观念论的角度来阐释问题,即德国学者施塔姆勒①。他研究的基础是康德所主张的主观态度,不过康德所提倡的自由是从个人主义出发的,而施塔姆勒则注重共同生活,主张所谓的"人的共同自由意志"(Gemeinschaft freiwollender Menschen),认为法律的基本原则在于尊敬(Achtung)和协作(Theilnehmen),由此提出所谓的正当法(richtiges Recht)的观念,主张"内容有所变化的自然法"。施塔姆勒将法律作为生活的形式,使之与现实的经济相对应;又对法律作纯逻辑形式的理解,对法律形式之下应纳入事项的范围和性质予以论述,并认为在论及法律的内容时,务必要注意两点:第一,法律是变化的事物;第二,法律是社会的自律的事物。

有学者从经验论的角度来阐释问题,其中又区分为二:一个是柯勒②所主张的比较法论。柯勒由黑格尔的观念论的进化说出发,将法律视为进化的文化现象,因此,在探讨法律的本质时,主张通过对各种文化背景下法律的比较来揭示法律进化的意义。另一个是狄骥③所主张的社会连带论(Solidarite sociale)。狄骥从孔德④的实证论(Positivism)出发,揭示出我们的生活关系在结果上属于一种连带协作关系,进而将法律视为这种连带关系的事实。可见,柯勒和狄骥都并不注重法律的自律意义。不过,比较法学

---

① 施塔姆勒(Rudolf Stammler,1856—1938),德国法学家,新康德主义法学派的创始人,曾在马堡、哈勒和柏林等大学任教,著有《以唯物史观论经济和法》《正当法的理论》等作品。——译者注

② 柯勒(Josef Kohler,1849—1919),德国法学家,曾任柏林大学教授,著有《法学导论》等作品。——译者注

③ 狄骥(Léon Duguit,1859—1928),法国公法学家,社会连带主义法学派的主要代表人物,曾任法国波尔多大学法学院教授,著有《法和国家》《公法研究》《社会权利、个人权利和国家》等作品。——译者注

④ 孔德(Auguste Comte,1798—1857),法国数学家、哲学家,现代实证主义的哲学奠基人,著有《论实证精神》《实证哲学教程》等作品。——译者注

对于法律的价值判断提供了诸多的资料,而社会连带事实的主张则将社会理想作为其反面的预设。

在观念论的极端一方与经验论的极端一方之间,存在种种学说。从狭义上所说的社会法学派,就属于这样的中间说,以下对其主要观点予以阐述。

第一,主张此学说者大力强调法律的缺陷,反对将旧式的法律概念套用 64 在新的社会生活关系之上,主张旧式的法律概念只能置于旧的环境,对于新的生活关系,需要创设新的法律概念。不过,也有另外一派从法律存在缺陷的现实出发,主张在适用旧式法律概念时,只要将新生活关系的要求添加进去,使旧的法律概念富有显著的弹性就可以了,这实际上是在法律的解释上采取了宽大的态度。由此意义上产生的新学说统称为自由法论(Freirecht),都主张从以前所承继的思想向自由转化。

第二,此学说并不仅仅将法律作为法律规范而使用,而是注重法律的实际作用,也就是其实用的意义,故而舍弃逻辑的方法,采取目的论的态度。即,对不能有助于目的实现的法律规定和法律学说,一概采取排斥的态度。由此而言,我本人认为这种学说实际上是将法律的基础从正义转向了公平。65 以前的法律观念都非常注重法律的安定性(Rechtssicherheit),主张法律的静的作用,而与之相对应,这个学说则探讨法律如何在社会生活机会的分配上发挥作用,提倡法律的动的作用。

社会法学派的主张发起于法国学者惹尼[①]。德国首先响应的学者是坎托罗维茨[②]。自此以后,许多学者各具特色地致力于此种新趋势的发展。只是,此学派的主张在诸多方面体现了对 19 世纪初法律思想的反对。19世纪初的文化可以称为个人主义和自由主义。与之相对应,20 世纪初的文化可以称为社会主义(限于学术的含义)和协作主义。然而,毋庸置疑,19 66世纪初的文化,从中世纪所预想的发展团体思想的角度考虑,属于中世纪文

---

① 惹尼(François Gény,1861—1944),法国法学家,曾任南锡大学教授。——译者注

② 坎托罗维茨(Hermann Kantorowicz,1877—1940),德国法学家,曾先后在基尔、牛津和剑桥等大学任教,著有《为法律科学而斗争》等作品。——译者注

化的进化;与之相似,20 世纪初的文化,如果不置于 19 世纪发达的个人主
义、自由主义的背景下则不得理解,由此点而言,不能不将之视为 19 世纪文
化的进化。①

---

① 参见穗积博士《法理学大纲》第四章至第七章。关于柯勒的学说参见拙著《刑法和社会思
潮》第 2 版第 264 页;关于狄骥的学说参见拙著《现代的文化和法律》第 358 页。

第五节　法律上的新理想主义

目　次

一　法律的保守性（法律的成立）

从私力公权化的角度来看，法律一方面体现了人类的斗争性（生存竞争），另一方面又体现了人类的社交性（共同生活）。换句话说，法律正是在我们生活上的斗争关系和共同生活关系的平衡点上得以成立的。从这个意义上来说，法律称得上是立法当时社会上各种势力妥协的结果。所谓的分析法学派将法律仅仅视为主权者命令，继而认为法律是依强者的权力而对弱者的抑制，该派观点显属不当。

如前所述，穗积陈重先生将制定法典的理由列举为五种类型，即：第一是治安策；第二是守成策；第三是统一策；第四是整理策；第五是更新策。希腊的《德拉科法典》《梭伦法典》，以及罗马的《十二铜表法》属于第一种治安策法典；古罗马的《查士丁尼法典》属于第二种守成策法典；法国《拿破仑法典》和德国《民法典》属于第三种统一策法典；第四种整理策法典以古罗马的《查士丁尼法典》为典型，还包括英国的宪法；第五种更新策法典以我国（日本）法典为代表。无论是哪一种法典，都表明了强者和弱者斗争中妥协的结果,即法律是强者为维持其对于弱者的权力而制定出来的。在强者对于弱者拥有绝对的权力之时,法律没有存在的必要。法律之所以能最终制定出来,关键在于发现个人之间生存竞争的妥协点并依靠公力对之予以支持。如果找不到公力与私力之间生存竞争的妥协点,则法律势必无以成立。

以上情况并不仅仅局限于法典。大凡法律规范的成立,一般都是基于社会诸势力的平衡,依靠社会对这种强弱关系的支持,习惯法亦是如此。由此事实,我们可以得出以下两个结论。

第一,法律本来就具有保守的性质。法律是在社会上的生存竞争中作为实现和平的约定条款而成立的,只要我们还向往和平,就不能不依靠法律来维持社会关系。从另一方面来看,法律也是权力阶级借以维持其权力的手段和方法,法律的这种属性在历史事实中表现得非常清楚。所谓"恶法亦法"的格言,虽然从法律的作用是保持法律的安定性这一角度来说,具有一定的正面意义。但如果法律不能符合社会上各种势力的平衡时,该项格言难免产生负面的意义。

第二,法律在本质上终究是无法维持保守性的。究其原因,社会上各种势力的平衡关系是经常发生变化的,这种变化并非围绕着一定的基点左右摇摆,而是沿着一定的方向进行无限的移动。由此,法律势必要随之而发生变化,其结果必然是,法律在发展倾向上经常丧失其保守的属性。

二　法律的规范性(法律的解释)

法律具有保守性,这是由法律的本质所决定的,而法律的保守性又常有丧失的倾向,这同样是由法律的本质所决定的。于是,法律上的这种矛盾的发展变化便在法律的解释中经常出现。

法律作为一种事实,体现了过去生活的结果。虽然法律的本质是事实,但法律的目的却在于规范。我们在解释法律时,固然要查明作为过去生活结果的法律,但查明过去,正是为了规范将来的生活关系。法律的使命即在

于其规范的作用,只有当法律规范与我们的规范意识相适合时,才能真正地
发挥作用。法律解释的职责便在于将体现事实的法律予以规范化。　71

　　法律的本质在于揭示生存竞争的妥协点。由此而言,法律的生命就体
现在,法律能适当而清楚地揭示生存竞争的妥协点。如果法律不能发挥这
项作用,该项法律势必归于消灭。

　　假定法律是他律的事物,将法律视为国家的命令,认为仅对命令的内容
加以逻辑推理就足以明了法律,这不能不说是对于法律规范性的忽略和轻
视。命令作为规范之所以应当得到尊重,并非是因为其属于命令,而是因为
它具有规范的妥当性。如果仅仅因为它是命令就能因此而成为法律,那么
法律也就只不过是作为事实存在而已,远不能成为对我们具有相当权威的
规范。

　　法律解释中采用形式逻辑的方法,这对于 19 世纪初的思想具有重要的
意义。当时,以法治国的制度清楚明确,个人的权利也清楚明确,每个人的　72
自由仅应依法律而受到限制,在这样的思想背景下,应使法律的适用不因任
何社会思潮的变化而产生差异。与此同时,依照国家主权的观念和三权分
立的原则,法院对于代表主权意志的法律应严格适用,因此法院被称为“法
律机器”,法律的解释仅仅停留在法律的逻辑推理上。

　　但是,仅以法律为他律事物这一见解已被质疑。就成文法来说(习惯法
在此暂时不予考虑),都是经过一定的程序而成为国家法令,并以一定的形
式表现出来,而其实质内容,也应视作是为法律生活的当事人而制定的。然
而,尽管法律的自律性在此暂作别论,他律的法律既然已将规范作为其成立
的使命,由此,法律解释的宗旨就应当是将法律作为规范而加以适用。采用　73
形式逻辑的方法进行法律解释之时,虽然也是将法律视为规范,但实际上是
在规范的幌子下将法律强行作为事实,如果这样,法律就完全不能依其目的
而得以适用。

　　法律应依其目的而得以适用,法律发生作用的领域势必也要依法律制
定的宗旨而受到限制。即,法律只能对于其预设事项在预设条件下的一定
范围之内产生效力。从而当社会发生变动时,就要承认法律的缺陷,并主张

74 法律解释的解放。被解放的法律解释,称为社会的解释,是指在法律解释
中,不再从法律制定上和事实上的宗旨出发,而是代之以从新的社会理想出
发,来推断法律的适用,这体现了在新的社会理想下的法律运用之道。由
此,这种新的社会理想借助对法律缺陷的修补而发挥作用。

　　既然建立在新的社会理想之上,则可以断定法律内容不属于他律的性
质。对于我们所主张的法律的自律性,即如历史法学派所谓的国民精神的
发现,稍后将略加探讨。

三　法律的自律性(法律的进化)

　　所谓法律的自律性,可以先从法律的本质出发加以逻辑推证。

　　法律体现了社会上各种势力的妥协点。所谓妥协,存在于这样一种条
件之下,即社会上的强者并非绝对的强者,而弱者也非绝对的弱者。强者主
75 张强者的权利,弱者主张弱者的权利,由此其关系才能形成法律。因此,法
律的成立以社会上各种势力相互主张权利为前提,离开权利的主张,也就没
有法律的成立。

　　法律的维持也是如此,一方面依法律努力维持自身从而使法律得以保
全,另一方面依社会努力维持自身从而使法律得以逐步进化。这是因为,社
会上各种势力之间的平衡关系不断进化,法律不得不随之发生进化。换句
话说,法律的维持同时意味着法律的进化,即法律通过进化而得以真正的
维持。

　　法律的维持与法律的进化有时不能圆满融合,此种状态称为革命,《十
76 二铜表法》的制定便属于这种情况。虽然尚未达到革命的程度,但大多成文
法尤其是法典的制定都能从这个角度加以理解,法国民法典的制定便是其
中典型的一例。

　　法律的维持在多数情况下能与法律的进化圆满融合,相生相伴。作为
其典型代表,第一个要举出的范例是罗马法的进化。罗马时期根据裁判官

布勒拖尔的判例,用包罗万象的万民法(Jus gentium)取代了偏狭的市民法(Jus civile)。第二个范例是英国法的进化。不仅普通法已作为判例法而得以经常进化,衡平法亦因判例而得以发展。第三个范例是法国民法的发展。法国民法能够适应 19 世纪以来的社会变化,全在于其判例发挥着巧妙的作用。

基于罗马的裁判官布勒拖尔以及英国的裁判官们在处理法律上的态度,有人称其是立法者而非裁判官。如果将裁判官的职责仅仅局限于依逻辑推理而适用法律时,他们确实不同于普通的裁判官。但是,对于法律争议 77 中的具体因素,他们确实完成了进行合理且公平推断的使命。

法国民法的发展进程最容易引起我们的兴趣。起初学者们对判例中所采取的非逻辑的自由态度提出不少指责。然而到了 19 世纪末,学者们开始主动研究判例的进化,并由此归纳出一定的原则,进而提出所谓新解释论的主张。时至今日,对于法国民法的进化,务必要从理论解释(而非偏狭的逻辑解释)的适用上加以理解。

如果仅仅将法律视为他律的事物,则不能实现所谓法律的进化。即便是基于立法的进化,恐怕也难以期待。另一方面,当我们回顾法律自律地得 78 以进化,并由社会自身变化而得以发展这一过程,我们绝对没有任何值得后悔的理由。实际上,法律对于社会的作用正是通过这个过程来实现的。

革命之事则应当断然避免。即使是以进步为目的的革命,其本身终归不是法律的现象。对于立法改革固然不应必抱否定的态度,因为在某些情况下,采用立法的方法也明显有利于法律的进化。但是,法律还是应当对于所谓司法上的进化特别加以关注,其原因就在于,只有司法上的进化,才能在法律与社会最紧密结合的地方发挥作用。在现代的法律中,我们对于立法的自律活动提供了许多机会,对立法中的权利即参政权应加尊重固属当然。不过,对于我们在许多范围所进行的司法自律活动却不应加以忽视。这是因为,司法的进化是慢慢地、缓和地、不知不觉地发挥作用,而其发挥的 79 进化作用对于法律的维持来说属于社会的自律作用。

有学者提出所谓的“正当的不法”,也有学者提出所谓的“法律上的不法系数"，认为法律正是经由对法律的违反才开始走向进化，或者认为作为一种正常的现象，法律本身就包含一定的不法行为。此类用语虽然有些离奇古怪，但从清楚揭示法律的进化经常存在于其自律作用的发挥这一角度出发，这些说明的确饶有趣味。

四　法律的适应性（法律的进步）

80　　当法律的进化由自律的方式促成时，可称为法律的进步。所谓法律的进步，是站在价值判断的立场上来对进化的事实予以评判。当我们依靠我们的规范意识对进化的趋势进行评判，由此构筑一定的理想并向这个目标努力时，我们的行动就转化为进步的活动。

　　在法律生活上，我们的任务是基于实证的基础而揭示理想主义。有学者称之为自然法的客观实现，也有学者称之为自由的科学研究。无论如何，法律应当是富有弹力的事物，随着社会生活的变化而变化并成为我们文化生活的资料。

　　由此立场来看，对于应当如何探究法律理想以及应当如何实施法律制度的问题，萨莱伊①提出如下三种方法。

　　第一是类推的方法。类推方法在判例的进化中确能发挥作用，对此有
81 许多事例可以证明。尽管在适用类推的场合，每一个判例无论采取何种方式解决问题，都辩称为这是立法者的本来意思，然而事实上却未必符合立法者的意思。当法院不愿意适用法律上的一般原则，准备从自己所认为的正义观念出发来解决问题，而同时其他地方对于类似案件有明确规定且这种规定恰恰又与自己的想法一致时，法院就将该规定拿过来，作为解决自己案件的根据。这种方法，正是法国判例在确立民事责任客观说时所采取的方

---

　　① 萨莱伊（Raymond Saleilles，1855—1912），法国法学家，曾任第戎大学和巴黎大学教授。——译者注

法。这是因为,过失主义的责任论作为自然法的原则被规定在法国《民法》之中,而客观主义的责任论只是作为一种例外情形适用于特殊的场合。然而,后人却从这个例外的适用情形出发,将其宗旨在法律适用中发扬光大,最终确立了新的理想法。如果单纯从逻辑推理方法而言,无论是类推的方法,还是非类推的方法,同样都是正常的逻辑推理方法。在案件的处理中,依据立法当初的思想,本来应当采取非类推的方法,但考虑到案件的实际情况,采取了类推的方法以彰显明确新理想。从表面上来看,类推方法也不过属于普通逻辑方法的运用,但其背后的实质却是新理想法的活跃。这种新理想法的活跃,采用逻辑推理的形式,保证了法律的进化乃至进步得以平稳运行。对于我国的侵权行为理论,我认为大有依此方法而取得进步的空间。

　　第二种方法是直接诉诸社会上的一般思想。法律是以公共秩序、善良风俗为标准来确定法律行为效力的,因此适用这种方法的情况最为显著。于此情形,法律实际上是将解决的内容直接交给理想法。法院通过对社会上一股思潮的考察来适用相关法律规定。对于行为违法性的判断须依此方法进行,而在法律出现缺陷时亦是如此。瑞士《民法》第 1 条对法官断案有如下规定:"首先依成文法,其次依习惯法,如果没有可依的成文法和习惯法,则依假定自己是立法者时所应制定的规则来解决问题。"①我国 1875 年第 103 号布告《裁判事务心得》第 3 条所规定的"有成文者依成文,无成文者依习惯,无习惯者依条理",亦是此意。

　　第三种方法是比较法学的方法。法院在确认新理想之际,如果外国的立法例、裁判例以及学说对此予以确认时,法院在多数情况下会将之作为确认新原则的客观根据。法律上的概念在大多情况下仅依法律规定难以进行确定,因此,通常要受到传统思想的支配。于此情形,比较法学刚好为这种概念提供了新的内容。当然,外国法本身并不能称得上是一种理想法,同时对于国内法所固有的许多特质也不能全然不顾。因此,在对外国法和国内

---

　　① 《瑞士民法典》第 1 条第 2 款规定:"如本法无相应规定时,法官应依据惯例;如无惯例时,依据自己作为立法人所提出的规则裁判。"参见《瑞士民法典》,殷生根译,法律出版社 1987 年版,第 1 页。——译者注

法进行充分考察的基础上,如果能够得出结论,认为外国法符合我们心中所怀理想的要求时,就可以将外国法作为我们的理想法的客观根据。我们日常所从事的外国法研究,从这个角度来说,确实具有重要的意义。

以上三种都只不过是单纯的方法,并非由此方法进行逻辑推断,就理所当然地能够揭示理想法。对于理想法的发现来说,我们的规范意识无疑应成为基本的根据。因此,发现理想法的努力是一种自律的活动,而对这种活动,务必要经常加以反思和锤炼,而且要经常使之客观化和系统化。从这个意义上来说,理想法基于实证的根据而得以成立。

在对法律属于事实还是规范这两种观点的协调上,现代法学的新理想主义得以存在;在对法律的进化和进步状态的结合上,现代法学的实证精神得以存在。

补　　遗

第一节　进化和进步的关系

社会学家一般只对进化进行研究,大抵是因为,只要将事实予以精确描述,就能满足对事实进行客观而公平研究的需要。至于以进化为基础对进步予以探讨,则可能不在他们的研究领域之内。

如果是单纯的自然科学,尚且可以将所谓的进步全然置之度外,但作为86对我们的生活进行研究的学问,社会学却不能如此。国际社会学会(Institut international de sociologie)于 1912 年在罗马召开的国际大会就对这个问题进行了讨论。

对于“进步即是进化”,我们的价值判断务必应当从以下两点展开研究:一是将此种价值判断作为一种事实而进行研究,于此情形,我们实际上对进化的事实已经做出一定的价值判断了;二是将此种价值判断作为一种必要性而进行研究,于此情形,为了维持我们的生活,以进化的事实为基础,我们有必要确立一定的规范。

就上述第一点来说,它的思考方法是将对于进化的价值判断视为价值判断的本体。既然进化是一种事实,那么这种事实本身是无法改变的。不过,对于这样的事实,我们实际上施加了许多的评判,其中有采取乐观态度的,也有站在悲观立场的。由此可见,在进化的事实上体现了我们情感的作用。

就上述第二点来说,它是基于确立行为规范标准的目的而对进化的事87实予以评判。这种观点认为,进化并非是一种绝对不可改变的事实,我们的行为对于进化的过程必然产生一定的作用,现在的结果即由过去进化过程中所采取的一定的选择而促进。如果从这样的思路出发进行逻辑推理,则对于进化的事实必然应当完全采取中立的态度,也就是说,对于进化的事实本身,既不能必然乐观,也不能必然悲观,只有依据我们的行为对进化事实所产生的什么样的效果,来决定对之进行祝福或者诅咒。由此可见,在进化的事实上体现了我们意志的作用。

然而,上述两种观点相互之间具有一定的关联。如果对于进化的事实仅仅持盲目乐观的态度,即将进化视为当然的进步,那么,我们为实现理想而对进化的事实加以利用,必然会成为不可能的事情。如果对进化的事实仅仅从悲观的角度加以思考,那么,我们就会陷入烦闷和自暴自弃。只有承认进步是进化的一种可能性,由此我们才能凭借努力将希望转化为现实。从这个意义上来说,对于进化的事实持有中立态度,这本身就是一种乐观论的表现。唯有如此,从将来的效果来看我们的努力时,才能将之亦视为一种进化的事实。因此,我们的努力构成社会进化事实的要件,只有在考察包括我们的努力在内,进而包括所有要件在内的进化事实时,进化与进步才具有同样的含义,我们向上的理想也才能得以实现。那种盲目的乐观论的观点,虽然与悲观论者的自暴自弃有所不同,但实际上却陷入了与悲观论一样浅薄的宿命论的泥坑,我们对其结论难以苟同。我们所提倡的乐观论,是将我们的努力纳入社会的进化之中。为揭示我们努力的使命的意义,需要对进化之外的进步加以探讨。

换句话说,我们的努力是进化过程的构成要件。一方面,将过去的进化作为一种进步而理解,自然不能对于我们的努力在其中所起的作用视而不见。但另一方面,我们的目标是社会的进步,因此我们的努力不得不与其他方面的种种要件相结合,也就是说,我们不得不时常对进化加以利用。从前一方面来说,进化与进步属于同一含义;从后一方面来说,二者则不可同日而语。

进化与进步既然具有这样的关系,我们就应关注到以下两点:第一,进化非因其进化就当然地属于进步。我们必须思考进化因何种原因而成为进步。因此,社会学家在提出进化事实的法则之外,还要对这些法则给予解释。第二,进步亦非仅因其为进步就当然地得以进化。我们势必要明确进步是进化的一个方面。只有当进步的趋势与进化的法则相适合时,该进步才称得上是真正的进步。

　　罗马的国际社会学会的大会对于这个问题的探讨并不彻底。然而，多数学者无疑已从进化的事实中确认了进步理想的意义。本来，关于进步的定义及其内容，学者们的论述既不明白，也不一致。但是，如康德所说的"从神学到哲学、从哲学到实证"的进化法则，即是进步的示明。斯宾塞所说的"从混杂的同一性到有秩序的多样性"的法则，也不应否认其具有一种理想的意义。该大会并未形成任何决议，但多数学者在这一问题上采取了相同的步调。（Annales，Tome XIV，1913，P. 355 et S.）

92

　　梅因①所说的"从身份到契约"的法律进化的法则同样如此（of Annales，P. 363），因此像梅因一样，在法律的范围内对进化与进步的关系加以考察和检讨，正是本人此次讲演的宗旨所在。

　　毋庸置疑，我并不认为历史上的所有事项都当然地归属于进步。虽然 93 进化的总体趋势是进步的，但在历史事件中，脱离进化的趋势或者走上倒退道路的情况屡见不鲜。从这个意义上来说，当我们将进化理解为进步之际，一般还要增加一个条件，那就是正当性，这一点在罗马国际社会学会大会上也得到了学者们的认可。米凯耳斯②对于这种脱离进化趋势和走向倒退的社会状态予以高度关注，他对于能否将进化视为进步甚感犹豫（Annales，P. 460），最终陷入过于悲观的境地（Ferrière，La loi du progrès，1915，P. 647—648）。我赞成米凯耳斯的观点，认为直接将进化的事实视为进步显属不当，但是我仍然相信，对于进化的事实加以一定的解释，则完全有将之理 94 解为进步的可能。因此，试图对进化的事实进行适当的解释正是我演讲的真正宗旨。如果不能加以适当的解释，则社会规范（法律属于其中之一）的确立就会演变为逻辑上的难题。

　　将进化理解为进步，这并不是对于事实的叙述，而是对于事实的解释。对于进化的事实，既可以解释为和谐，也可以解释为矛盾，对此我在《法律上

---

　　①　梅因（Henry James Sumner Maine，1822—1888），英国古代法制史学家，曾在牛津、剑桥等大学任教，著有《古代法》《东西方村落共同体》等作品。——译者注

　　②　米凯耳斯（Robert Michels，1876—1936），意大利社会学家，曾任巴塞尔大学和都灵大学教授，著有《政党社会学》等作品。——译者注

的矛盾和调和》中已有论及。因此,努力抛弃其矛盾的方面而同时发扬其和谐的方面,这既是我们的法律生活本身,也可称为我们法律生活的理想。从这个意义上来说,我们的法学并不是单纯的演绎逻辑的学问,因为思维的精确对于严格的演绎逻辑来说是理所当然的应有之义,而演绎逻辑只是论及思想的形式,却不能提供思想的内容。与之不同,我们对于新法学所提出的要求是,内容上要包含新的进步的理想,并以之作为形式逻辑的前提和

实质。

第二节　历史认识的本质和法律思想

一

关于历史认识的本质，近来存在特别的争议。一派学者主张通过历史揭示自然界的法则，也就是说，历史研究是从历史事实中抽出法则，由此而具有自然科学的价值（Riehl）。对此，新兴一派学者则将历史视为价值判断的学问。历史不能重演，历史事实只能够单独发生一次，从而绝对不具有可重复性。历史之所以能够成为科学研究的对象，是由于将历史事实作为价值判断的对象。换句话说，历史是作为一种人文科学而实现价值判断的学问（Rickert）。由此，历史认识的本质作为哲学上的新问题，引发了专家学者的广泛争论。

对于这种争论，我仅仅作为一个法学家，绝对不敢有提出个人独到见解来彻底解决争论的野心，不过，我本人认为同时采用上述两种主张具有可行性，而且我确信同时采用上述两种主张具有必要性。如果将历史看作是作为生物的人类历经数千年的活动状态时，则其活动自然要理解为受到因果关系的制约。对具体的事实予以抽象化而加以思考，就会见到人们所说的"历史的反复"。罗马人为何会有罗马法？日耳曼人为何会有日耳曼法？通过对原因的比较不难发现，国民性、经济情况、社会状态、地理位置、风土人情等因素都对法律产生了必然的影响。从这个意义上来说，将这种影响从具体事物加以抽象化时，就能够确认诸如"从身份到契约"之类的法则。

但是，如果将自然现象作为具体的事实而加以考察时，则自然现象不过是只能够发生一次的事实。所谓自然现象的反复，只不过是指抽象化之后的某种原理的反复而已。诸如此类的自然现象，从其具体发展的轨迹来看，可称之为进化。这里所谓的进化,是在预定具体事实不能反复之后才得以确认的。因此,宇宙在进化,地球在进化,生物在进化。同样,社会在进化,法律在进化。所谓罗马法或日耳曼法的进化亦可以由此加以理解。从这个意义上来说,所谓"从身份到契约",属于对进化的具体事实的叙述,而不是指可以反复的法则。

98　　因此,我认为,在人文科学与自然科学的区别上,并非二者因对象差异而被归于不同类别的科学。对于同一的对象,如果认为将其抽象化后可以得出反复的法则,则可称为自然科学;如果只是将其视为具体的仅发生一次的事实的联系时,则称为人文科学比较妥当。将法律作为历史的事实予以考察之际,如果探求其法则并以之作为我们技术上价值判断的前提,则此种法律的历史的研究则属于自然科学;如果将我们的道德判断作为评判其进化的基础,则属于人文科学的方法。我们的想法在客观观察的场合和主观理解的场合自然存在差异,由此在科学上遂存在自然科学与人文科学的分野。然而,自然科学和人文科学只不过是对于同一对象的不同观察,对二者之间相互制约、相互配合的性质也不可不知。

99

二

关于法律的历史,自然科学的研究与人文科学的研究之间存在微妙的错综复杂的关系。

对法律的沿革进行抽象化的观察,即依自然科学的方法进行考察时,我们对法律沿革的轮廓可得而知。如果从差异的眼光来看,罗马法与日耳曼法全然不同。然而,如果进行综合的观察,则必然发现二者之间存在共通的原理,且这些原理遵从于一定的法则,受其支配而发挥作用。由此可知,一定的文明必定拥有一种特定的法律模式。从这个意义上来说,我认为比较100 法学应当有其独立的地位。

既然一定的文明必定拥有一种特定的法律模式,我们更有理由来塑造法律的理想。也就是说,对法律模式加以价值判断,遵从使其法律模式的进化符合进步理想的观念(即依照对于进化的乐观解释),致力于促使其进化向进步的理想目标迈进。由此可知,对一种特定的法律模式的认知,同时也是法律上价值判断的形成。换句话说,关于法律模式的知识依价值判断而形成,由此使历史知识(或比较法学上的结论)进而具有学术的意义。

三

　　不能不说,法律上的历史派(尤其在 19 世纪初)对于以上所述未能全面 101
理解。历史派只是说明法律的进化,却未说明促其进化的原因;只是将历史作为自然事实进行探讨,却对人文的意义视而不见。尽管历史派的理解是如此的不全面,但从其反对哲学派的角度来说,其观点应得到我们的谅解。另一方面,萨维尼在鼓吹历史派理论的同时,对所谓的"立法以及法学的使命"大力提倡,这从一个侧面也证明了他并不漠视历史的人文意义。因为,所谓"使命"这样的观念,当然是预设存在价值判断的心理作用之下的用语。由此可见,历史派的缺点并不在于漠视历史的人文意义,也不在于对于历史人文意义的消极态度。正如萨维尼在其著作结论中所说的,法典编纂论学者的"目的与我们一致。我们希望有稳定的法律基础,要求集中反映国民的共同精神和科学上的努力。然而,他们由此而主张编纂法典,我们则主张法 102
学的进步,并以此实现全体国民的共同意志。我和他们同样对于现状感到不满足,但他们将缺陷归结于法律渊源,因此要进行法典编纂,我则认为缺陷在于我们自身,因此不必鼓吹法典编纂"(Savigny, Beruf, 3. Aufl, 1892, S. 98)。萨维尼所主张的只是法学的进步,并继而反对法典编纂,从这一点来说,其学说未免过于消极,但是,萨维尼在努力实现其理想,对此不可否认。如果离开了这种努力的基础,则所谓历史的研究将不存在任何意义。

四

　　为历史赋予积极的人文意义的途径,即从历史中为我们的积极努力而
创造基础的途径,有以下两种:第一种是比较法学,第二种是判例评论。比
较法学从关注日耳曼法系对于罗马法系的奋起,更转向对人种学的研究,研
103 究范围得以扩大。既然要比较,当然要伴之以评判;要进行评判,就要揭示
理想。历史派最近在研究中都添加了大量的哲学要素,因为哲学要素能够
揭示我们为促进法律进化而付出努力的意义。在这一点上特别有趣的事情
是法国判例评论的发达。判例评论家只是从单纯的法律解释家的角度来对
判例予以评论,他们对判例抱以理解的态度,梳理判例的变迁,探究判例的
精神,由此揭示应当借以促进判例进步的新理论。

　　从这个意义上来理解法律的历史时,就会认为历史之中已包含历史的
精神。当我们的研究从客观的法律历史转向主观的法律理想时,并非抛弃
104 了历史的方法,而是将历史方法运用得更加彻底。由此,历史派才能称得上
真正领会了历史的精神。(Saleilles, Ecolehistorique et Droit natural,
Revue trimestrielle, tome 1, 1902, P. 112)

第三节　法律进化的法则

我所论述的关于法律进化的法则,即第一从不成文法到成文法,第二从秘密法到公开法,第三从义务本位到权利本位,第四从公法到私法,这都是从穗积陈重博士法理学的讲义中所受的教诲。我在法理学上从穗积博士的讲义中受益匪浅。在此,我想对进化法则做进一步的研究和评判。

首先,法律从不成文的状态进化到成文的状态。这体现了我们行动的进化是从无意识的状态转向有意识的状态,而法典作为成文法发展的极致,正对应了我们意识行动系统化的极致(拙著《现代的文化和法律》第 482、483 页)。

其次,法律从秘密的状态进化到公开的状态。这项法则意味着,在社会的进化中,国家首先要实现自身的统一和集权,然后才转向其组成个体的充实和发展。法律的秘密状态可从以下几个方面予以考察:第一,在裁判仅为定纷止争而非适用法律的时代,裁判官只是单纯的调解人,法律显而易见处于秘密的状态。在这样的社会状态下,可以说有裁判,但不能说有法律。或者从另一个角度说,法律是以一种隐形的状态被操纵在担任裁判官的统治者的手中。从这个意义上来说,在注重判例且成立判例法(判例法与习惯法严格地说应有所区分,然而实际上难以区分)的场合,法律仍然只是权力阶级的私有物。《十二铜表法》的出现,才体现了法律从权力阶级向一般社会的转移。第二,所谓的法曹法在法律发展的某个阶段得以成立。于此情形,法律只存在于作为法学家的专业人群的脑海中。例如,古罗马的法律家拥有特别的权威,一些法学家的学说直接具有法律的效力。诸如此类的法律在仅处于隐形状态时自不待言,即便发展到了存在习惯法形式之后,其内容仍然要依法学家的观点才能确定,这样的情况并不少见。第三,法律虽已形成成文,但统治者仍然故意地予以保密,德川时期的《百个条》便是最突出的一例。如上所述,种种原因导致了法律最初处于秘密的状态,也就是说,一国之内是不允许个人对国家主张法律上的权利,这就是所谓警察国家的特色。然而,国家状态的稳定离不开个人的充实和发展,个人对于国家也应当

107　享有法律上的地位,这就是所谓的法治国家的观念。从法治国家的立场来看,法律的秘密状态实在是不正当的制度。不过,在国家形成的某一阶段中,这种制度的存在既是必然的,也是必要的(参照拙著《刑事学的新思潮和新刑法》第一章)。

　　再次,法律从义务本位进化到权利本位。当国家对个人只是施加命令之时,个人对于国家所拥有的只是义务。但是,当国家与个人的关系转变为法律上的关系之后,个人由此便拥有了提出自己法律主张的权利。因此,所谓权利的观念,是法律发展沿革史上的新生事物。有学者认为罗马法中并无表示"权利"观念的专用词汇,至少罗马法对于权利的定义未能予以明确。至于在表示法律意思的词汇 jus 上添加权利的意思,这完全是中世纪注释

108　法学派的所作所为,只不过在解释罗马法时作为一种假定而具有意义。真正的权利观念的提出和理解,完全是近代以来个人觉醒的结果。

　　最后,法律从公法进化到私法,这体现了同样的思潮。罗马法上尽管诉权(Actio)的观念比较发达,但权利的观念却并不清晰。这是因为,向官方请求保护自己利益的思想作为诉权的基础首先得到了发展,及至中世纪被设定为权利,近代之后为个人所自觉。从逻辑上来说,只有存在权利,才能产生诉权,这种推论方法完全是将近代的思想机械地套用在法律现象上。从实际的发展过程来说,由于有了诉权,因此才得以产生权利的思想。就法

109　律而言,先有诉讼法的成立,其后才逐渐进化到实体法。从古代法典来看,诉讼法律规范比较多;从法典的顺序来看,往往也是先设立诉讼法,其次才构建实体法,这种法典制定的情况正体现了法律发展的顺序。

　　综上可见,进化的事实揭示了近代以来权利思想的发展历程。这些事实促使我们对以下两方面事项予以反思:第一,权利的观念并非如一些学者所认为的作为法律的核心观念是逻辑的必然。以权利为中心来探讨法律体系成为现在的多数学者所采取的方法,但以权利为中心的解说只不过是形

式上的可能而已。从历史发展进程来看,权利只不过是近代以来才得以发
展的观念。第二,权利观念以近代文化的特征为本质。毋庸置疑,近代文化 110
的特征是个人的觉醒,是从宗教权和政权的暴力压迫下解放出来的个人的
自觉。不过,这里的自觉是以国家乃至社会共同生活为预定前提下的自觉。
因此所谓的权利,是指个人作为法律生活的主体而体现的自觉,此处的法律
生活是共同生活的一种形式。

由上述两方面事项,我们应更进一步考虑以下两点:第一,权利并非是
法律发展的极致。以前的法律思想经过进化而形成现代的权利观念,现代
的权利观念同样有可能通过进化再形成其他更进步的思想观念。第二,个
人的自觉是以国家乃至社会共同生活为预定前提下的自觉,因此要像重视
个人自觉一样高度重视共同生活。在我们现在的生活中,作为权利预定条
件的共同生活变得极其复杂且密切关联,所以,对于这种共同生活理应给予
特别的关注。

近代文化的优点在于明确了权利的观念,而其缺点在于将中世纪以来 111
发达的共同生活放在了次等重要的位置,对此务必要扬长避短,促进法律进
化的实现(参见穗积重远博士《法理学大纲》第十二章)。

第四节　近代法和罗马法及日耳曼法

　　就近代以来法律的发展而言,财产法在关系上源于罗马法,亲属法在关系上则源于日耳曼法,对此有学者格拉松①的理论,现在以之为基础将近代法发展沿革的基本情况介绍如下。根据格拉松的主要观点,从亲属法来看,以家长权为基础的罗马法的相关制度,今天在拉丁系各国均被弃而不用。对于《十二铜表法》所表达的"家",应视为一种政治的制度加以理解。在罗马,家长的作用与一个官员相当,家长在整个家庭中拥有绝对的权利,与之相应,其他家庭成员的任何人格均不被承认。家庭的人格与家长的人格合二为一,因此不存在所谓家庭的财产,所有的财产都只归家长所有。家庭的收益也全部归家长所有。同时,在夫妻之间,夫权绝对强大,对妻的地位全然不顾。这种权力主义的、利己主义(仅着眼于家长)的制度,直到19世纪初一直在拉丁系国家中延续。例如,意大利的阿尔伯特法典对于亲权的规定虽然不像罗马法那么严苛,但仍然规定女子不得享有亲权,不管子女年龄如何,父亲只要在世就能保有亲权。此外,和罗马法的规定一样,亲权的效力不仅及于子女,而且及于子女的子女。虽然承认子女的特别财产,但赋予亲权人对于该财产的重大用益权,并对子女的能力给予种种的限制。这种制度直到意大利新《民法》出台才发生了巨大的改变,从此之后,亲权被视为纯粹私法上的权利,亲权只能为亲权相对人的目的而行使;父亲死亡之后,母亲可以成为亲权人;子女达到成年时,亲权即行消灭。再以法国为例,在卢瓦尔河以南的所谓罗马法地区,与意大利有着同样的法律沿革。亲权专为亲权人而存在;不论子女年龄多大,父亲在去世之前一直保有亲权;母亲

---

　　① 格拉松(Ernest Désiré Glasson, 1839—1907),法国法学家,曾任南锡大学和巴黎大学教授。著有《法国民事诉讼程序的起源》《法国民事诉讼:理论与实践》等作品。——译者注

不能成为亲权人；子女的特别财产受到极大的限制。与之相对应，在卢瓦尔河以北的所谓习惯法的地区，特别是在适用巴黎习惯法的地方，学者洛塞尔①称之为"无亲权"，即指不存在罗马法之类的亲权制度。在这些地方的亲权制度中，亲权完全是为子女的利益而设立；父亲去世后由母亲行使亲　115
权；亲权在子女达到成年时消灭；某些情况下亲权人对于子女财产并不享有用益权。因此，学者阿古②将这种制度描述为"父亲不过是子女的监护人"。这种亲权，就是日耳曼法系的亲权制度。日耳曼民族家长权设立的目的在于保护子女的利益，此观念为拉丁民族的各国所认可，因此其亲属法的基础不在亲权而在于婚姻。

　　与亲属法不同，在所有权的制度上，罗马法的制度得以广泛推行。日耳曼法本来具有一种发达的共有权，其后在封建法上又形成独具特色的重复所有权，但这些制度在近代都被逐渐废弃。现在，罗马法发达的个人所有权　116
制度得到了广泛的承认。虽然各个民族在不同时代对本民族所固有的各种各样的所有权原则都曾予以确认，但最终要把握对于文明的进步所最为适当的所有权观念。在古代最能正确理解法律思想的罗马人，当然也最能正确领会所有权的观念。法国大革命后的诸项法律，将以前关于土地所有权的错综复杂的制度一扫而光，继而采用了最为简明的所有权制度，这就是罗马人的所有权制度。今天，欧洲各国除了英国之外，像日耳曼法国家的德国、斯拉夫人种国家的俄罗斯等，都是以单纯所有权作为所有权制度的基础。

　　对亲属法和财产法的沿革予以考察所发现的焦点，正是个人自由的发展。罗马人拥有所谓的城市的观念，个人被隐没在城市（即国家）之中，对个人的独立地位不予认可。因此，虽然其家长权思想与近代的潮流不相符合，但其权力思想下发达的个人所有权却与近代的思潮相契合。与之相反，日　117

---

　　①　洛塞尔（Antoine Loysel，1536—1615），法国法学家，著有《习惯法教程》《习惯法精神研究》等作品。——译者注
　　②　阿古（Gabiel Argou，1640—1703），法国法学家，著有《从法学阶梯到法国法》等作品。——译者注

耳曼人固有对于个人自由的尊重,其法律所体现的共有权被近代所遗弃,而其家庭制度却作为近代制度的基础得以采用。由此可知,个人的自由是现代制度的基础。不过,最近的法制对于此项原则却动辄过度适用。如果对个人及所有权的解放过度推进,结果反而会造成对于个人及所有权的危险,所谓社会主义、共产主义之类的产生即属此类。时至今日,如果再去憧憬罗马的家族制度,或主张回归到日耳曼的共有制度,在社会问题上只追求个人所有权的结果,岂不是要诅咒进步而逆转文明吗(Glasson,Mariagecivil 2ᵉ éd.,1880,P.119—129)?尽管我们不能否认在过去的进化和进步中个人主义确实存在稳定的基础,但这是从我们以前努力的结果上对个人主义的认可。只有通过我们的不断努力,才能期望将此进化再进一步推向更高层次的进化。我们并不是从仇视进步、逆转文明的意味上排斥个人主义,而是从希望促进文明继续进步的意味上,主张个人主义也要进一步向前发展。

第五节　私力的公权化

所谓法律的进化在于私力的公权化，这是穗积陈重博士的主张，后来又由穗积重远博士进行巧妙的祖述。单纯的复仇体现了单纯的事实生活，等到复仇被限制并由同害刑取代之后，事实生活从而转变为法律生活。因此不能不说，由于私力救济制度逐渐向公力救济转化，我们的法律生活才因而得以产生和发展（参见穗积重远博士《法理学大纲》第八章）。①

这种事实促使我们对各种各样的情况予以反思。第一，法律以共同生活为基础。今天的个人自由只有在共同生活的预定前提下才能得以认可，同时，个人自由也只有在公力保障的条件下才能得以成立。第二，个人的自由只有处于公力之下才能得到适当的保障。倘若我们仅仅活在私力救济的事实生活时，则我们个人的自由必然不能得到适当的保护。换句话说，如果将复仇视作一种刑罚，则通过复仇并不能方便地实现刑罚的目的；如果将复仇视作一种赔偿，则单纯的事实上的反击并不能实现赔偿的结果。近代报应主义的刑罚论、过失主义的赔偿论都主张刑罚和赔偿应当在公力之下构建起来，这从尊重个人自由的角度来看，应当承认其具有的重大意义。

由此而言，将来法律的进步有待于我们思想上的转变。法律的进步存在于法律公力化更加彻底的实现。在此意义上，我认为将个人自由放在首位、以权利为基础的现代法制必须逐渐地加以变更，我们可以将这种新趋势

---

① 　关于破产法的沿革，加藤正博士论述了自力救济与国家私权保护的关系并得出了同样的结论（《破产法讲义》第 1 页），如果从动力论的角度加以考察，我相信应该得出相同的结论（拙著《现代的文化和法律》第 484 页）。

称为法律的社会化。但是,法律的进步又不能不以个人的自由为基础,私力
生活之所以公力化,原因就在于预期在公力保障之下个人的自由能够得以
实现。虽然法律的本质在于私力的"公权化",但从法律的起源来说,法律的
本质实际上在于"私力"的公权化。我们将来努力的目标是社会化,而且是
过去努力所获得权利的社会化,由此,权利社会化的称谓可能比法律社会化
120 的称谓更为妥当。

第六节 关于法律社会化的杂论

目　　次

一　法律的社会化和法律的进化　　121

关于法律的社会化,我已经试着进行了简单的阐述(拙著《现代的文化和法律》第1页)。现代的法律思想以社会化为基础而存在,也正因为以社会化为基础,以前的法律才能适应现代的要求,而现代的法律更应向将来发展,对此至少应加以理解。

从整体上对法律进化的趋势进行考察就会发现,法律的进化往往在于使法律社会化。从近代到现代,法律的进化清楚地体现了法律的个人化和权利化,其进化的过程明显具有逻辑的必然性,同时又包含着道德的当然性。然而,这里的个人化和权利化往往只是指"法律"的个人化和权利化。本来法律这种东西往往是以我们的团体生活为前提而得以成立的,由此,所谓法律的个人化、权利化本身就陷入了相互矛盾的境地。因此,如果将法律的个人化、权利化解释为与法律社会化并不矛盾的思想,则势必要将法律的个人化、权利化吸收到法律社会化的基本观念之内。换句话说,要将法律的个人化、权利化作为法律社会化的进化过程中的一定时期加以理解。对于法律的进化,我们一方面将社会化视作比个人化、权利化更高的原则;另一方面,在法律的进化过程中,作为近代原则的个人化、权利化常因社会化而必然受到种种的限制。

123　　所谓法律的个人化、权利化,是指法律从权力阶级的法律中脱离出来,从而成为一般庶民的法律。从这个意义上来说,个人化、权利化实际上即属于社会化的事实。夏蒙[①]对此曾说明如下。

　　　　法律的社会化体现为法律权利从富人到穷人、从资本家到劳动者、从男性到女性、从父母到子女的扩展。如果法律社会化的这种发展趋势一直继续下去,其结果难以预料,恐怕逾越人类的领域而将动物亦视为法律上的主体也完全可能。这个暂且不论,毕竟过去法律的变迁可归于所谓的社会化。以罗马法为例,罗马古代的城市由家庭(familia)联合而成立,(一个人)只有属于某一个罗马家庭,才被认为符合法律主体的构成要件,从而如果是外来人,即不属于罗马某一家庭的人,不受

124　　法律的保护,由此引发贵族与平民之间的相互排挤,于此情形下,塞尔维乌斯[②]通过改革提高平民的地位,《十二铜表法》规定将贵族和平民一视同仁,这种现象体现了罗马所有法律的社会化。从另一个角度来说,罗马法本是一种团体法,家父拥有最高的权力,在债权关系上将连带与保证混为一谈,这都是强力确认同族者(gens)之协作关系的结果。相似的规定还体现在继承关系上,确认一定的继承人有当然继承的义务。然而,这种家庭制度逐渐消亡。子女相对于家父的独立地位得以

125　　确认,为他人而负担债务者的地位得以改变,继承人开始拥有拒绝继承和限定继承的权利。凡此种种,都体现了个人从强制的协作关系中所

---

　　①　夏蒙(Joseph Charmont,1859—1922),法国法学家,曾任蒙彼利埃大学民法教授,著有《自然法的复兴》等作品。——译者注

　　②　塞尔维乌斯(Servius Tullius,公元前578—前534),罗马王政时代的第六任君主,在位时实行了一系列重大的政治与社会改革,史称塞尔维乌斯改革,主要内容之一便是按照地域和财产原则来组织所属居民,确立公民权利和义务,由此完成了罗马由氏族制向国家的过渡,标志着罗马国家的产生。——译者注

获得的解放。从这个意义上来说,这种发展完全是一种社会化的现象。由此看来,在罗马法的发展中,法律的社会化正因为对个人权利的确认而得以实现,如果有人因为这点反认为该现象仅仅体现了法律的个人化并进而反对法律的社会化,其观点委实不妥。(Charmont, Le droit et I'esprit démocratique, 1908, P. 39—46)

依此对罗马法加以理解,则个人化的现象实际上也是一种社会化的现象。罗马法正因为是个人的,从而才能成为世界的法律,其个人的特色实际上同时又具有社会的意义。罗马法不只是属于贵族的法律,而同时成为平民的法律;不只是属于市民的法律,而同时成为万民的法律,这都是因为逐渐个人化的结果。伴随着个人化的变迁,罗马法才真正成为适应罗马社会的法律,并进而成为世界的法律。19世纪初的法律是依个人主义而成立的法律,该个人主义在文化发展过程中有一种解放的意义,该解放的意义在法律上即体现为促使社会上的一切阶级适用统一的法律,对此完全可以将夏蒙关于罗马法的理论拿过来直接适用。

二　法律的社会化和自由主义

法律从近代到现代的进化体现为个人化(Individualisation)。与之相对,当探讨法律的社会化(Socialisation)时,二者至少在用语上难免具有相反的意味。然而,通过对法律个人化的现象加以考察就会发现,虽然个人地位的一定提高体现了个人化,但是,在提高个人地位的同时,必然对其他个人的权利地位给予一定的限制,因此,法律的个人化是对以前的法律上的特权阶级的限制,由此而言,此处的个人化实不外乎我们在现代法律制度中所主张的社会化。另一方面,我们在现代法律制度中主张社会化,对以前的法律上的特权阶级予以限制,由此促进其他个人的社会地位的总体上升,从这个意义上来说,法律的社会化又不外乎法律的个人化。综上可见,个人化与社会化之间并不存在矛盾,对之应进行整体的理解。

不过,我们在这里之所以特别提倡法律的社会化,主要出于以下几点考虑。

第一,对于从近代到现代的法律的进化,其个人化的意义受到高度关注,而其社会化的意义却几乎被忘得一干二净。因此,为纠正这种思想认识上的偏差,有必要对法律的社会化予以特别的明确。有人对我们的立场评论道:"社会本位论动辄忘却近代文明对于个人解放的意义,恐怕对于自由思想有施加不当压迫的危险。本来,19世纪初的自由主义走到了它的极端,其结果是产生不少弊病,导致自由的滥用,这也都属于事实。但其弊病本来就可以消除,其滥用本来就可以受到限制。如果仅仅因为弊病和滥用的存在,就对构成现代文明产生渊源的自主精神下的自由活动予以轻视,岂不是惩羹吹齑?"(小野法学学士《读〈现代的文化和法律〉》,载《法学志林》第19卷第7号第77、78页)对此,我本人认为,"对构成现代文明产生渊源的自主精神下的自由活动予以轻视"并不存在,至少,为了消除自由主义的弊害,为了限制自由的滥用,确实有必要主张社会本位论。

第二,我们绝不是要抛弃个人本位的思想。今后个人的充实,并非单单依靠以前的自由主义就能完全实现。改革打破了以前的权利阶级,个人也从以前的拘束中被解放出来。自由主义固然是现代文明的渊源,然而同时又催生出新的社会阶级。这种新的社会阶级既然作为自由主义的结果而成立,那么如果固守自由主义,则个人就无法从新阶级的拘束中解放出来。法律社会化的思想正是用来取代以前的自由主义的某种探索,经济论者所说的社会政策即属此。社会本位论在适用中倘若对于个人的地位真的造成了不当的压迫,这固然是社会本位论的弊害或者社会本位论的滥用。然而,法律的社会化往往正基于充分考虑法律个人化的作用,从而才能合理地发挥作用。此处所谓法律个人化的作用,不外乎是指保护个人并使个人对其人格的适当主张成为可能。个人如果不能独立地主张人格,其人格的完满势必不能实现。对于抛弃自己人格的人,法律也很难对其人格加以保护。但是,如果不是在得到主张人格机会后主张人格,其主张亦不属于适当的主张。单单提出主张和圆满实现主张完全是两回事。虽然从个人人格应由个

人独立主张这一点来看,以前自由主义的观点显属正当,但对于个人来说, 130
却没有被给予适当主张的机会。为制造这种主张的机会,今后法律个人化
的作用,不能单纯地依赖自由主义。从这个意义上来说,法律的社会化确有
大力提倡的必要。

　　第三,个人地位的上升并不仅仅因为个人对其人格加以主张就随之而
得以实现。在个人还未有意识地提出要求之时,或者至少要在个人放声提
出要求之前,社会就必须为其提供主张人格的机会。因为个人在真正需要
的时候,早晚会发声表达要求。如果等到听到其呼声后才满足其需要,多数 131
情况下已错过了最好的时机。同时,在利害关系如此错综复杂的今天,个人
将自己的要求有意识地揭示清楚并不容易。我们在许多场合对于现状感到
不公平,但对于要从何处入手来改变现状,我们却难以意识得到。即便偶然
有人自信对此清楚了解,也只是体现了一小部分人的主张,且这种主张要么
不能推行,要么推行起来完全是一种破坏。从这一点出发,毕竟对于所谓社
会主义的主张务必排斥。可以说,我们不容易适当地自我意识到我们应当
秉持的正当之道。不独如此,在生活关系如此纷繁复杂的今天,个人要使自
己的要求能被社会所清楚了解也同样困难,正如野外孤独的声音往往很难
从嘈杂喧闹的生活杂音中彻底穿透出来一样。在一定生活状态下的人们所 132
提出的一定的主张,对于不同生活状态下的其他人来说就难以理解。即便
能够得到理解,由于不存在利害关系,也很难取得他人的同情。所以,期望
实现一定主张的人,在提出主张的同时,就会感受到结成团体的必要。其所
主张的客体是"理",其实现主张的方法则势必要凭借"力"。由此可见,事情
最终的结局只能是阶级斗争,这正是现在所谓社会主义运动勃然而兴的原
因。不用说,社会主义的主张对于其推行的目的和方法来说并不妥当。第 133
一,从推行的目的上来说,社会主义不仅不能实现其推行的目的,反而对社
会秩序造成破坏。不过,我们对其反对不公平的声音也不能全然视而不见,
至少要倾听其对现状不公平的主张。换句话说,我们应当好好地理解他们
为社会不公平发出的声音,并思考如何使他们的主张能够适当地得以组织
和运行。第二,当我将团体运动的趋势作为时势进行思考时,我相信对这种

时势不应当予以压制。这种运动的主张在于"理",但由于其所采用的方法在于"力",因此我们对于这种运动采取放任的态度也是绝对不可以的。由此可见,国家机关对于共同生活中的个人,在其主张提出之前,就务必要促进其个人需求的落实。那种所谓个人的事情只有个人自己最清楚的说法不过是一个世纪之前的观点。在当今社会,除了个人应适当地了解自己外,社会极其复杂,而且社会的变迁急切而激烈,在社会的发展中务必要增进对个人的理解,通过社会的自身发展来谋求个人的充实,对此,法律的社会化具有特别的意义。

综上,当社会自身与个人相分离并意识到自己独立存在的客观事实时,所谓的法律社会化就获得了现代的基础。同时,从个人的立场考察之际,我们就会承认法律社会化的精神与自由主义的精神并不背道而驰。将 19 世纪初兴盛的自由主义在现代文化之中予以扩大和充实,表明了对这种新的社会化趋势也有识别、理解及调整的必要。

三　法律的社会化和新立法与新方法

所谓的社会政策,从法律的角度考察之际,则体现了法律的社会化。社会政策一词不一定必然具有确定的意思,法律的社会化也不一定必然有特定的内容。不过,作为一种思想或者概念,社会政策获得了相当清楚的认识,这已是不争的事实。正如小野冢博士所说的,"社会政策的主体是地方团体并包含人民,但是仍然以国家为主。在社会政策的客体上,虽然也有中间阶层的地位,但仍然以下层阶级为主。社会政策的直接目的即在于下层阶级的经济发展。在社会政策所采用的手段上,虽然应当对教育、宗教等方面抱有不少期待,但最为显著的方法还是通过制定法律规范,在国民收入分配上将有形的利益给与多数人民。人为地调整社会阶级之间的经济关系,这种方法不仅在一定的限度内确有可能,而且根据具体情形对社会上不同阶级的经济关系进行调整实属正当,这种思想正是社会政策的前提"(小野

家博士《现代英国的社会政策的倾向》,载《国家学会杂志》第 31 卷第 1 号第
1—2 页)。社会政策主要是从经济立场而提出的主张,因此对上述定义在
经济方面需要加以重视;如果将社会政策作为法律的社会化而从法律立场
进行考察时,其定义就要解释为如前所述的法律由富及贫、由资本家及劳动
者、由男及女、由父及子的扩大(Charmont, op, cit. P. 39),即社会上各个
成员的人格均得到法律上的普遍承认。在对于社会政策的观察中,经济学
家又说,"国家从具有绝对目的的机关转变为调节机关,以顺应不断变化的
社会状态"(菲利波菲希[1]《近世经济政策的思潮》,松岗博士等译,第 118
页)。从法学家来说,最近法律理论的发展倾向是反对以前对于注释方法的
自我满足,主张应研究实际生活的法律,认为与其关注法律的抽象内容,不
如注重法规的作用(穗积重远博士《法理学大纲》第 88、93 页)。也就是说,对
于能够理解为命令的法律,不能认为因为它是命令所以就具有拘束力,而是
应该从法律及于社会的实际效果以及法律的目的等方面来论定法律的权威。

　　由此可见,法律的社会化体现了以下两个方面的发展。第一是在立法
问题上,所谓的社会立法得到确认,这属于新制度的问题,从 19 世纪末到
20 世纪各国新发展起来的各种保护方面的法律制度即属此类。第二是在
适用问题上,所谓的方法论得到阐明,这也是从 19 世纪末开始出现的新思
潮。以前只是将法律作为单纯的法律加以理解,在三权分立思想的影响下,
适用法律仅限于形式上的处理。然而,既然认识到法律的权威在于其实际
的效果,那么,法律适用的目的就应当是促使法律产生实际效果,由此,法律
适用方法就要脱离长期以来的逻辑推理方法,讲求适应新需要的方法。在
此特别提出应当加以关注的是,长期以来被认可的制度正由于新思潮而经
受变革。这与第一种情况不同,立法问题上的社会立法是一种新制度,而第
二种情况则是伴随新现象而对旧制度的变革。前者属于立法问题而非单纯
的法律适用问题,故不能纳入第二种情况的范畴。但是,从整体上来看,作

_____

　　① 　菲利波菲希(Eugen von Philippovich, 1858—1917),奥地利经济学家,曾任弗莱堡大学教
授,著有《政治经济学概论》《十九世纪政治经济思想的发展》等作品。——译者注

为一部分立法变更的结果,立法问题对法律概念(例如所有权、契约、损害赔偿、刑罚之类等)将来的适用也将产生重要的影响。

简而言之,将国家理解为社会政策的主体时,则对于所谓的社会新立法 139 务必大力提倡。由于国家是社会生活的调节机关,因此在我看来,法律亦应发挥调节社会的作用,由此促进法律的适用。关于社会的新立法,第一个着手制定的国家是德国,这就是所谓的俾斯麦的社会政策。社会的新立法在法国始于 19 世纪末,后来逐渐得以发展,最近更是将所谓的工业法(Legislation industrielle)在法科大学列为像民法、商法一样的特别科目,体现了现代社会政策立法的理论已占据主流地位。此外,德国的一般学者对"社会政治"进行探讨,与之相对应,法国学者则通常采用"经济社会"一语,下面对此稍加阐释。无论是"社会政治",还是"经济社会",都使人联想到经济学家的研究。该项研究因为主要讨论立法问题,所以从研究范围上来说是属于法学家的分内之事,但从实际情况上来看,更多情况下成了经济学家的事。最近引起我们最多注意的,当属英国在社会立法上的进步。英国向 140 来是一个尊重自由、主张放任政策的国家,但近来却不拘于此,急剧推进社会立法,这的确引起了人们的特别关注。[①]

从法律方法论的变迁来看,法国在某种意味上当属开拓新时机的先驱,因为现代所谓的自由法运动大抵是从法国开始的。法国历史悠久的民法之所以能顺应新的时势而得以适用和施行,原因就在于 19 世纪历史进程中的法国法官敢于尝试,学者们通过对事实的正当化论证进一步促进了此种趋势的发展,由此为新方法论的产生奠定了基础。关于方法论的争论,现在在德国最为盛行,对于煞费苦心而得以完成的德国民法典,如何通过不断的更

---

① 此事在之前引用的小野冢博士的论文中曾有论述。对此最清楚且详细的论述是戴西所著的 Law and public opinion in England(2nd, ed., 1914)。戴西在该书中提出,19 世纪英国的法制可以分为三个时期:第一期是沉滞时代(1800 年至 1830 年),第二期是个人主义的时代(1825 年至 1870 年),第三期是团体主义的时代(1865 年至 1900 年)(参见拙著《刑法和社会思潮》第二版第 216 页)。该书第二版更是添加序言,论述了 20 世纪开始的 13 年间更为浓厚的团体主义(Collectivism)色彩。

戴西,也译作戴雪(Albert Venn Dicey, 1835—1922),英国法学家和政治家,曾任牛津大学教授,著 141 有《宪法研究导论》《法律冲突法》等作品。——译者注

新来维持其生命力,在这个方面,法国以及法国民法不失为富有借鉴意义的案例,对此应当给予关注。

四　法律的社会化和私法与刑法

对德国民法及其本身所具有的特别意义也应加以注意。从一般见解来看,德国民法对于所有权和契约自由的基本规定的形式并不存在疑义。尽管也并不是没有学者指责该规定对社会主义的观点全然置之度外(见门格尔①对其草案的批评,A. Menger, Das bürgerliche Recht und die besitzlosen Volksklassen, 3. Aufl., 1904),但如果与法国民法相比,德国民法在所有权和契约自由制度上的多处重大改变应当引起特别的关注,这些改变主要就是为了保护下层阶级的利益。对此,前面提到的门格尔的著述中予以了指明,松本博士也予以了说明(松本博士论文集第 2 卷《私法的社会的倾向》)。②

142

---

①　门格尔(Anton Menger, 1841—1906),奥地利法学家,长期任维也纳大学法学教授,著有《十足的劳动收入权的历史探讨》《民法与无产阶级》《法学的社会任务》等作品。——译者注

②　我之前对此已进行说明(《法律上的矛盾和调和》第 61 页),现再次摘录如下。在近代民法理论的变迁中,特别要重视结果责任原则和对契约自由的限制。关于对契约自由的限制,从《德国民法典》和《瑞士债务法》的规定来看,大多出于保护弱者的目的。例如,对于"乘相对人的穷迫、轻率或无经验而贪图暴利所为之契约",《德国民法典》第 138 条第 2 款视之为无效,《瑞士债务法》第 21 条规定"受害人可以主张其无效"。再如,"劳务使用人在劳务人患病之际有给予一定治疗时间的义务",有保证设备不对劳务人健康造成损害的义务,且此等义务皆不得作契约免除之"(参见《德国民法典》第 617—619 条,《瑞士债务法》第 339、344 条)。此外,"劳务人并无过失,但因自身事情在较短时间内妨碍提供劳务的,不因此而丧失报酬请求权"(《德国民法典》第 616 条);"使用人对于劳务人有预先支付报酬的义务,有给予休假的义务"(《瑞士债务法》第 334、341 条)。又如,"对于报酬中用于劳务人及其家庭生活必需的部分,在一般情形下有禁止债务抵销的规定"(《瑞士债务法》第 340 条)。此外,对于住宅房屋的租赁,如果该房屋明显存在危害健康的可能时,则租赁人可以不受告知期间的限制而解除租赁合同(《德国民法典》第 544 条)。虽然也有性质略有不同的事项,根据不同见解,也并不妨碍在此引用,即规定采用欺诈、胁迫或滥用服从关系而使妇女承认婚姻之外的性交行为者,应承担损害赔偿的义务(《德国民法典》第 825 条)。松本博士说明道:"私法在将来应具社会的、益加干涉的特色,社会政策在以前往往依赖行政上或财政上的措施而得以运行,将来可多依私法而行。"(松本博士的论文集第 2 卷第 475 页)

　　学者们在论述德国民法与劳动者的关系时曾提出,所谓"正义优于契约
自由"(Gerechtigkeit ist das höchste, nicht Vertragsfreiheit)的格言在 19
世纪初法国编纂民法典时还尚未出现,嗣后经过百年以来社会上、经济上如
此激烈的变迁,直到德国编纂民法典时才开始出现(G. Blondel, Le Code
civil allemand et les ouvriers,对于这篇论文以及巴黎比较法学会关于这个
问题的讨论,我曾以"德国民法和劳动者"为题在《明治法学》发文予以大体
介绍)。我相信这个格言有一定的道理。根据以前的思潮,契约自由本身即
为正义,这在以个人解放为理想的当时是理所当然的想法,然而,最近的思
潮在这一点上已发生很大变化。也就是说,现在首先要思考契约自由成为
正义的原因,其次要考虑到,契约自由仅限于在满足其适用理由的场合才成
为正义。如此一来,对于契约自由就不得不进行重大的限制,这成为当然之
事。此外,契约自由本来就不是最高原则,之所以要促使契约自由成为正
义,是因为只有正义才是最高原则。对此,德国民法相比于法国民法的最大
差异,就体现在社会主义对从前正义思想施加影响的结果之上。不过,由此
并不能得出结论说,这是从前的思想与社会主义的主张互相让步归于妥协
的结果,而实际上,这是对社会主义的要求进行评判的结果,是对正义观念
加以改造的结果。由此可知,德国民法在私法的立法领域开启了新思潮的
先声,而对瑞士的民法和债务法亦应以同样的眼光加以看待。这些趋势都
概莫能外地体现了法律的社会化。

　　相同的风潮在刑法中也有所体现。在刑法的范围上,必须从理论和实
践两个方面对以前的正义观念重新进行评判。从理论而言,在对事物的实
证研究上,以前的报应的、客观的理论至少不能原样维持下去;从实践而言,
犯罪的增加尤其是累犯的增加足以推翻旧的刑法制度,我对此已有论述(拙
著《现代的文化和法律》第 307 页)。对于现代目的论的主观刑法理论以及
与之相伴的各种立法改正活动,都应当预定以法律的社会化为前提,才能因
而得以理解。第一,新主义主张无刑罚必要时不予刑事处罚,这方面最显著
的例子就是缓刑、假释等制度。也有学者认为这种做法背离了报应主义的
道德要求即正义观念,因此提出指责。第二,依据新主义,有刑罚必要时,基

于维持社会秩序的必要而施以重罚,累犯制度即属这方面的适例。也有学者认为这种做法违背了罪刑相适应的道德原则,因此提出指责。然而,对于报应主义和罪刑相适应原则的必要性尚需进行探讨,有的学者将其视为不言自明的原则,但是,契约自由以前也是理所当然的原则,现在不是照样对此原则进行批判和限制了吗?同样,对于报应主义和罪刑相适应这些所谓的原则,今天也应当加以批判和修正。我们认为,所谓报应主义,从社会防卫角度上的理解是合理的;所谓罪刑相适应,从刑罚应限定于必要范围角度上的理解也是合理的,然而,在报应主义和罪刑相适应原则之上存在着更高 147 的原则,就是我们要根据现在所理解的正义观念来运用和实施刑法。刑罚处罚应以必要为限,因此,在无刑罚处罚必要时,务必对于个人的地位予以充分的尊重。同时,在有刑罚处罚必要时,刑罚明显体现了对社会秩序的维持。因此,将刑法作为社会以及构成社会的个人的法律来对待,就成为最近刑法改革运动的重点。以前,刑法是权力阶级的刑法,威权时代的刑法就是如此。到了近代,刑法是理性的刑法,其理性是超越了现实生活的理性。尽 148 管这种理性论在 19 世纪初对于当时的时代具有一定的现实意义,但在 19 世纪的发展过程中,其理性已与社会日渐隔离。由此,我们的立场是,对其理性加以改造,在新理性、新正义之上倡导与现代社会相适合的现代刑法。

五　法律的社会化和权利思想

在法律社会化的新趋势之下,对于如何理解权利思想应加以探讨。

我并不认为有必要在逻辑上将权利视为法律的核心观念,也不认为权利是法律发展的极致。权利终究体现了近代文化的特征,正如近代对个人地位的大力提倡到了现代就转变为对于社会的特别注重一样,对于权利这样的法律观念也应进行重新的审视。

这正是狄骥素来的主张,我之前也曾对此进行介绍和评判(拙著《现代 150 的文化和法律》第 358 页)。即从社会协作的事实来说,个人虽然是在各自的地位上对社会产生作用,但是权利却意味着不能认可某一人的意志比其他人的意志更具优越性(同上第 386 页)。现代法制对于我们的权利一步步施加了越来越多的限制,这种限制固然可以单纯理解为原则的例外,但如果我们将原则和例外放在一起解释为唯一原则时就会发现,以前的权利观念务必要加以变更。我对于狄骥用以否认权利的论据非常赞同(同上第 443 页),但是,如果从他的论据出发,我认为与其直接否定权利,不如尝试对权利的观念加以改造。

151　　第一,现代的法律社会化,从越来越注重个人地位的角度来看,仍然有维持权利观念的必要。如果个人没有任何的主张和要求,则其向上的发展就无从谈起。也就是说,只有认可个人的主张,权利才得以存在;只有认可个人的要求,保护才得以存在。因此,不能因为权利是人格的当然结果就从而认为权利是绝对的某种事物,而应当将其理解为适当主张人格时的方法。长期以来的弊病就体现在人格即是权利的观念上。依我们的主张,人格与权利应当相互分离,权利为人格而存在,权利也只有在实现人格目的的范围内才能成立。如此而言,则对于权利的限制,并非是由权利以外所施加于权利的限制,而是由权利本身所发生的事情,这就是我本人关于权利观念的
152 看法。

　　第二,构成社会的共同生活的产生和发展能被强烈地感知,法律社会化在这一点上独具特色。这与以前个人主义的法律制度相比,体现了现代法律的特色。不过,共同生活往往因其组成成员即个人的活动而得以运行和发展,如果离开了个人,则社会自身的活动亦不复存在。因此,法律首先预定个人经常处于活动之中,然后又不忘记为个人的活动赋予一定的动机。于此情形,法律对个人来说绝不是单纯的命令,而是承认个人的一定地位并由此谋求社会化作用的发挥。从这个意义上来说,权利的观念确实有保留
153 的必要。然而,权利从其自身性质出发,又不得不受到以下两种限制:第一,个人主张的权利只有在与维持共同生活以及促进共同生活繁荣相一致的范围时才是正当的;第二,权利对于维持共同生活以及促进共同生活繁荣确有必要时,权利人不能拒绝行使权利。对于权利做社会角度的观察时,则权利

自身不得不受到一定的限制。

　　换句话说,权利并非与法律的社会化相背道而驰。对于权利的否定,如果站在反对将权利视为绝对原则或唯一原理的角度,尚且有一定的正当性 154
但是,毋庸置疑,权利在现代法律上仍不失为一个重要的概念,如果对权利直接加以否定,反而可能招致误解。在法律社会化的背景下,从权利的性质本身(即将权利视为一种社会制度的理由,换句话说,权利的社会使命)来说,权利务必要受到一定的限制,对此应当揭示清楚。我认为狄骥的观点也是这样。

　　对于狄骥的观点,杉山博士从极端反对的立场进行了评论(杉山博士《对狄骥"权利否认论"的批判》,载《法学协会杂志》第 34 卷第 9、11、12 号)。
下面对杉山博士所讲的几点进行探讨。 155

　　(一)杉山博士认为,狄骥将长期以来关于权利的学说视为仅依单纯的抽象方法而形成的个人思想的演化,这完全无视过去数十年以来权利、人格等方面的争论及其进展。然而,就我所见,权利的观念原本确实是作为对于近代个人思想予以抽象思考的结果而得以构成的。伴随着时势的变迁,虽然诸多这样的见解变得难以得到支持,但在 19 世纪初,正是基于权利属于个人,因而权利观念的道德使命才得以存在;正是基于权利依抽象的方法而构成,其逻辑意义也才得以存在。后来这种见解难以获得支撑,由此权利论、人格论才成为争论的话题并伴随着争论而得到发展。杉山博士提出:"纯粹个人主义的权利及人格的思想,在成文法和学说两方面并行发展,至今则处在与社会觉醒相调和的时代。但是,狄骥的社会本位论竟然无视个人,其观察的态度未免失之于极端"(前揭第 9 号第 1491 页)。问题在于,是应当采用二元论的见解来探讨新现象,还是应当立足于新的一元论的原则 156
而对旧现象和新现象进行统一的探讨?我并不打算否认以"权利"之名而得以发展的种种事实。权利思想成立之时确实是从个人思想的角度加以认识的,但是,我们尊重权利并非因为其属于个人的思想。当考察权利的个人思想在何种意味上对于时代具有人文的意义,并进而考察该思想现今的使命和命运时,我们便会认识到,权利最开始就不因其属于个人思想而被尊重,对于权利应当从更高层次的原理出发来进行说明。因此,权利观念的发展存在于以前的观念与"社会觉醒的调和",即在逐渐社会化的同时,其发展的过程引发我们的关注,在此意味上,从社会的立场出发,权利观念务必要加以变更,不然,将权利作为社会的某种事物予以理解便成为当然的结论。杉山博士批评狄骥从社会的角度对权利加以理解的结果是对个人地位的漠视,不能不说杉山博士的评判和解释才是真正的"失之于极端"。

157　　(二) 杉山博士认为以权利观念说明法律现象是逻辑上的必然,并由此出发对权利的否认提出批判。他说:"自古以来,并不存在权利义务全无的时代。我相信,如果没有权利义务,则法律也不复存在。虽然有的法学家以诉讼(actio)占据支配地位的罗马法时代作为典型实例来否认权利,但我认为这只是来自形式上、表面上的观察,而非实质上、深入内部的探究。古代的情况是如此,经过长年累月权利的发展,现在的情况也是如此。法律所规范的对象是法律关系,而如果将法律关系中的权利关系扣除,法律关系又会剩下什么呢?"(前揭第 9 号第 14 页)。对此,虽然我也认为,从单纯的逻辑体系出发,法律现象和权利思想之间有着必然的联系,但是,与法律现象存

158 在必然的联系的并非仅有权利思想。仅依诉权也可以说明法律现象,如此一来,则可以得出法律毕竟属于公法的看法;仅依刑罚制裁也可以说明法律现象,如此一来,有人会提出法律全部归于刑法的观点;仅依义务也可以说明法律现象,如此一来,则可以主张在法律理解上倡导正义论已足,不一定非要提出权利之类的概念。问题在于,作为法律现象基础的权利,其合理存在的基础应归于何处。单纯从逻辑上可能的根据出发并不足以说明权利观念应当得到尊重。杉山博士所说的"长年累月的权利的发展"已充分认可权利合理的基础,然而,其合理基础时至今日已经失去了当初的权威,因此,在当今社会,为了寻求具有权威的法律现象的基础,我认为对于权利的观念势必要进行一定的变革。依某些学者的观点,法律关系是权利关系,在此意义

159 上,如果将法律关系中的权利关系扣除,则所剩下来的法律关系不过空无一物。但是在今天,将法律关系视为权利关系仍然是最为合理的事情吗?我对此确实持有不同的意见。

而且，从杉山博士的各处论断中可见，他认为如果否认权利，则同时意味着否认义务。这显著地体现在他的以下言论中："他（狄骥）对长期以来作为真理而被确信无疑的权利义务相伴原则，由于未能举出一句予以否定的反证，……如果认为存在义务及准义务的主体，那就意味着理当维持人格观念的存在。他虽然并未言及义务的否认，但对于人格的否认即对于积极的和消极的权利主体的否认已经表达得非常明白，由此不能仅视之为只对权利的否定。他既然已否认权利，则对于作为权利的反面而与权利密不可分的义务，当然不外乎抱有否认的态度"（前揭第 9 号第 1499、1500 页）。从我前面的说明来看，这种指责明显不妥。狄骥吸收康德的思想，将义务视为社会生活的本位，不仅不否认义务，反而是对义务大力提倡。法律关系的事实 160 也承认义务，但以前的法律关系只是注重权利发展的意义，而从义务出发加以论述更能揭明其社会意义。作为否认权利的结果，就必然要否认义务，从这个意义上来说，对权利不能断然否认。

（三）杉山博士说："根据长期以来的观念，废除权利而仅存法律保护体现了法的反射作用。他（狄骥）所谓的新法律制度没有别的内容，结局不过意味着回到原始的野蛮状态。然而，即便在原始时代或者中世纪的黑暗时代，我也并不认为只存在所谓法的反射作用而全无权利义务。……（中间 161 略）假使他的主张得以成立，则对于旧法律制度的摧毁以及对于新法律制度的建设，都不存在实施的空间，这不能不说是此派主张的致命的根本缺陷"（前揭第 9 号第 1469 页）。站在主张法律社会化的立场，我所主张的权利观念是，权利的意义体现于对社会的意义，因此，从社会的立足点可以主张否认权利的。于此意义上的权利否认，与权利从来的作用和法的反射作用，完全不能混同。本来，如何说明权利的作用与法的反射作用的区别，长期以来都是非常困难的问题。如果避开权利的观念而来说明二者的区别，或许 162 更为困难的事情。如果基于从来的看法从单纯的个人立场出发予以考察，则难以充分认清二者的区别，因此，势必不得不以"行为违法"观念作为考察判断的标准。此外，（杉山博士提出的）因不认可权利就会导致回到原始野蛮状态的评判，更是一种过分的诋毁。在我看来，正如权利思想的发展对于中世纪警察国家属于一种进步一样,从基于权利思想的法治国家向新的所谓文化国家的进化也是一种进步,探讨这个法律现象时,权利思想自然有转变的必要。所谓的"原始野蛮状态"是权利发展的预定事实,由此也表明了通过进化而达到"权利的发展",岂能将这说成是"此派主张的致命的根本缺陷"呢?

(四)根据我的理解,在法律的社会化方面,权利思想所发生的最大转变就是开始认为,权利同时又具有义务的性质,以前的思想对于此点并未有充分的说明。杉山博士提出:"权利如果同时皆为义务,则权利义务均不可放弃。(狄骥)对此前提丝毫不顾,违反现在通行的权利义务的法律现象及观念,这岂不是比起那些对权利和义务一并否认的做法更加荒谬和狂妄?与其采用这样半吞半吐的见解,还不如从一开始就对权利和义务予以绝对否认"(前揭第 9 号第 1499 页)。试问,杉山博士能对权利逐渐义务化的事实加以否认吗?除非对现代法律的如此发展趋势完全排除。只要这种趋势存在,我就认为不能不承认权利观念的转变。虽然从以前的权利观念出发,会认为权利同时即是义务的主张"荒谬和狂妄",但事实正好证明了"半吞半吐"现象的存在。如此一来,虽然以前的个人主义在"与社会觉醒相调和的时代"亦存在,但不因逻辑而遮蔽事实,而是依事实来组织逻辑,由此我们的实证主义精神才能得以存立。

(五)如此一来,杉山博士认为,对于狄骥的观点莫如从相对的立场加以解释,他说:"他(狄骥)并非从绝对意义上否认权利。就绝对意义上的权利方面来说,他对称为社会权的权利的存在予以肯定,他自己以及类似学说之所以被称为社会法学即与此相关。他的观点不外乎是依据社会权对个人主义学派所肯定的个人权利说的反抗。即他对以前的权利和人格存在的反抗并不是对权利和人格的绝对否认,而是对以前的个人主义内容的否认,因此应解释为相对的否认"(前揭第 11 号第 1793 页)。"他(狄骥)无论是在绝对的意义上,还是在客观的相对的意义上,无论是在基本法则上,还是在成文法上,对过去、现在、将来的一切社会,都从社会义务本位的内容出发来肯定权利、义务、人格的存在。不过,此种所谓具有时代意识的有一定意义的

观点也不过是说明近代所确立的个人主义的权利及人格意识时至今日已经 165
明显衰落,而社会的义务及意识则日益兴隆而已"(同号第 1801 页)。我本
人虽然对杉山博士如此揭示狄骥观点是否妥当尚有疑义,但是对于法律社
会化的现象大体可以做这样的理解。杉山博士在另一方面又对狄骥的方法
论批判道:"我在学问上遵从良心的使命,坦率地表明拙见,认为他(狄骥)全
部的观点都不外乎是由相互矛盾的两大部分混合而成而已,我相信祸根就
存在于他的方法论"(同号第 1803 页)。然而,狄骥在方法论上并不拘于主
张"单纯的实证",例如,他的方法包含了哲学的要素(我对此颇为赞同,并认
为狄骥的观点可作为近代新理想主义的体现)。杉山博士又说:"(狄骥)既 166
已标榜绝对的否认论,以权利、人格的绝对否认为前提,则势必不能对我们
面前确实存在的无数法律事项进行理解和说明,因此他于半道之中就态度
糊涂,在相对否认上停滞不前"(同第 1813 页)。最后,杉山博士总结道:"由
以上所论从统一、全体的角度来看,狄骥的权利否认论终究是无药可救的僵
尸"(同页)。令我难以理解的是,杉山博士的所论并非到处都体现了对权利
否认论的批判。正如我主张要对狄骥的方法论和内容论予以区分一样,杉
山博士对二者的区分也非常清楚,但是,杉山博士在批判狄骥内容论之时,
却从方法论的不当上寻找原因。此外,在我看来,对"权利否认"这样的词
语,毋宁避而不用,因为它容易使人误解为破坏性的、革命的思想,还是称之
为"权利的社会化"较为稳妥且在当前比较合适,以此对"我们面前确实存在
的无数法律事项"也能够进行合理且适当的"理解和说明"。狄骥的学说绝
对称不上完美无瑕,但对他在反抗传统思潮和进行新尝试方面所表现出来
的活跃精神,应该抱以同情的态度。对其形态不完美的批判,不应成为学界
的能事。对于权利论上作为狄骥论敌的萨莱伊的创新学说,也要同等对待 167
(Gény, La conception générale du droit, L'oeuvre juridique de Raymond
Saleilles, 1914 P. 5)。我认为狄骥的学说决不是"无药可救的僵尸",而是
正在成长的幼苗。其学说作为对于法律社会学的一种提示,至今还不过是
一项蓝图,对其法律体系的研究则是今后法学的使命。
　　惹尼对狄骥和萨莱伊在有关权利的论争中的用语之争,至少在问题的

重要性上有所误解(Gény，op，cit.，P. 32)。对萨莱伊的权利论另寻机会说明(在杉山博士前揭论文中曾屡次引用萨莱伊对于狄骥的批评)，而对于现代法国的法学，曾经倡导及正在倡导实证研究和新理想主义的人，则都认为惹尼对于狄骥和萨莱伊二人观点的评判不乏中肯之处。惹尼主张权利的否认，而在同样意味上，萨莱伊注重权利的社会性质。我一方面对于狄骥的学说表示赞同，另一方面从保留权利观念的立场出发，认为萨莱伊的权利论更为巧妙。

第七节　无过失责任

1921 年 12 月 15 日,《无过失损害赔偿责任论》一书的作者冈松参太郎博士去世。为了向博士的在天之灵表达敬意,我将本文发表于 1922 年 3 月发行的《中央公论》杂志。

一①

本文以简单的举例作为研究的出发点。兹有使用强劲动力的某家工业公司,因发生蒸汽机、电力装置破裂或其他事故而造成了若干劳动者的死伤。该公司在蒸汽机、电力装置的安装和维护上没有任何的粗心大意,完全按照当今科学的要求而没有遗漏,然而竟发生这样的事故,导致劳动者遭受如此不幸。那么,对于劳动者的不幸,该公司应当承担什么样的义务呢?

又有某家公司因经营化学工业或其他相关行业,从其烟囱中散发出有 ₁₆₉ 毒的瓦斯气体。由于该毒瓦斯在空气中的含量只有几千分之一或几万分之一,且不易发现,因此其影响难以引起人们的注意。然而不知何时,竟然导致附近的农田遭受巨大的损害,该损害甚至达到不可恢复的程度。于此情形,该公司对于受害田地上的农民应当承担什么样的义务呢?

对于第一个问题,《工厂法》第 15 条有一项规定:"职工非因自己的重大过失而在工作中负伤、患病或死亡时,则企业主应当依照敕令的规定,对职工本人或其遗属予以扶助"(此项规定后来由 1923 年法律第 33 号予以稍加

---

① 原书的十七个部分都只有分节号,为便于阅读,本译本将分节号代之以数字排序。以下同。——译者注

修改)。《矿业法》第80条也有相同的规定。虽然这种规定对于不幸的劳动
170 者至少在某种程度上有实施"扶助"的意味,但是在这种情况下,称其为"扶
助"难道真的合适吗? 企业主对于其经营事业所造成的劳动者的不幸和损
害,难道理所当然地不应承担赔偿责任吗? 在我看来,扶助这样的用语显得
过于温情脉脉而不够振聋发聩,难以让人感到满意。称为扶助也罢,称为赔
偿也罢,在实际上虽然可能差别不大,但是,若称为扶助,则应解释为企业主
的恩惠;若称为赔偿,则应解释为理论上当然的责任,二者之间至少在法律
思想上存在重大差异,而这种差异对于法律制度今后的发展将会产生重大
的影响。

对于第二问题,曾有判例说:"经营化学工业的公司以及其他类似企业,
为预防因其目的事业可能产生的损害,如果已完成了与企业性质相适合的
171 设备和设施,那么,即便偶尔导致他人的损害,也不能够作为侵权行为而令
其承担损害赔偿责任。究其原因,此种情形下经营以上工业的企业主,不具
备《民法》第709条所要求的故意或过失的必备要件"(1916年12月22日
大理院第一民事部宣告)。由该判例可见,大审院对于如此情形的处理原则
是,无过失则不发生损害赔偿的责任,由此,不应对企业主处以不注意的责
任。虽然企业主不应承担疏忽大意之责,但对于从事此类行业的企业,因
其经营而烦扰四邻,难道企业自身就不应当承担任何责任吗? 对于如此
情形之下由企业经营所造成的不良后果,难道真的不能为企业预定赔偿
172 责任吗?

企业责任——企业在内部对于劳动者的责任以及在外部对于第三人的
责任——是资本主义社会中新产生的社会问题。从法律的角度来对社会问
题进行考察的确非常困难,然而同时也提出了相当有趣的问题。从《工厂
法》《矿业法》的相关规定来看,这可以说只是一个立法问题,但从某化学工
业公司的实际案例来看,则现行法的解释具有更加重要的意义。我在此并
不是要尝试探讨技术细密的法律论,而是想要研究作为专门法律论预定要
件的一个法律思想问题,即企业责任问题。

二

对于此项问题,无论是在立法的方面还是在解释的方面,欧美各国都已进行了大量的研究。近 20 年来,我国也有两三个学者开始相关研究,遗憾的是,他们的研究还没有引起世人的充分注意。不过在这期间,我们看到冈松参太郎博士出版了《无过失损害赔偿责任论》一书(1916 年)。冈松博士学识渊博,广泛搜集学说和立法例,梳理与此项问题相关的研究资料,这才使得我们不再遗憾。然而(冈松参太郎博士不幸去世),对于近来法学界这颗巨星的骤殒,我的心情感到无比的沉痛。在此,我一方面想明确指出,在对企业责任相关理论演变的研究方面,我们法学界所引以为傲的这本巨著有着丰富的内容,另一方面想对冈松博士的英灵致以特别的敬慕之意。

冈松博士认为法律上的责任并不一定限于过失,从我们的日常生活中便可举出许多无过失责任的事例,对无过失责任可以进一步扩展来讨论最近的企业责任。作为一名法学家,冈松博士始终坚持主要以分析方法展开研究,我则在其分析之间试图加以归纳并探究思想的进化。

三

责任大抵以过失为要件。此处所称的过失,属于广义上的过失,包括故意及不注意两种情况。虽然对于过失应当从道德上对本人加以指责,然而将过失作为追究本人责任的基本要件,法律却并非必然如此,这是一种传承而来的思想。将民事责任直接附以损害赔偿义务,从这一点来说,以过失为基本要件正是罗马法及其进化而达成的目标。各国法制在这个方面又都是继受了罗马法,我国《民法》第 709 条的规定即是以过失为民事责任根源的规定。

175　　　罗马法的民事责任,在进化的初期不过是对于加害事实的无意识的反击而已。正像儿童被石头绊倒就迁怒于石头并殴打石头一样,对造成损害的人追究责任,这与反射运动没有什么差别。后来随着岁月变幻,历经数次进化,最终才变成对于加害的事实仅因于过失而始有赔偿的义务。对此,耶林以其名言"损害不生赔偿义务,而过错①乃生赔偿义务"来论述罗马法达到的高峰。由此,在人类的报复本能之上通过添加道德的意识来为责任构

176　建合理的基础,即促使法律的责任同时符合正义的要求。

　　　然而,此项原则如今却遇到无论如何都难以解释的事项,19世纪后半期表现得最为明显的,不外乎企业责任。企业因经营而引发了损害的事实,虽然在许多场合企业主都不存在过失,但责令企业主对损害予以赔偿理所当然地更为公平。对于这种责任,尽管通过以前的正义原则从理论上难以解释清楚,但是若从所谓公平的新立场出发,则在实际上无论如何都要对其加以承认。

　　　19世纪所编纂而成的各国民法,至少在形式上都以过失主义为原则。对于无过失责任的理论,当时的法典尚未有所意识。但是,由于实际的需要,新的思想逐渐产生出来。这在有的国家首先表现在特别法之中,主要以德国为例;在有的国家表现在判例之中,主要以法国为例。由此,无过失责任即所谓结果责任的思想便在社会上得以逐渐兴起。

四

177　　　这种新思想首先在解决关于铁路责任的问题时得以采认。对于因铁路而导致的损害,尤其是造成死伤结果时,企业主的责任都不单单止步于从前的过失主义原则,而1838年11月3日普鲁士的法律对这种责任愈加加重。这种制度,1869年为奥地利所效仿,1871年成为德意志帝国的相关法律,

---

　　① "过错"二字在原书中是"责任",疑为笔误,今改之。——译者注

1875 年又为瑞士所追随。自此以后,各国群起效法,其适用的范围也更加广泛,不仅仅局限于死伤的结果,也不仅仅局限于铁路事故,而是更扩展适用于矿业、轮船业、电力行业及其他的企业,并由此产生了一种学说,主张对大企业当然要适用结果责任。德国的议会委员会在对《民法(草案)》审议之际,以及 1903 年瑞士法曹会对瑞士《债务法》修正之际,都对这种学说进行了讨论。匈牙利《民法》草案出台时,其中就有关于结果责任的一般规定(第1490 条)。法国至今虽然没有这方面的特别法,但依其富有弹力的判例, 178在实际上对于企业已基本采认结果责任。英国在某种程度上也有立法,对铁路事故明显采认结果责任。在美国,有些州很早就有维持该宗旨的判例。

　　关于铁路责任,我在此想引用我国大审院的一个判例。该案基本情况是:铁道汽罐车的煤烟将"在接近停车场、距离铁道线路不满一间房屋距离的地方生长的、枝条向铁道线路方向伸展的"松树薰枯致死。大审院虽然以过失主义为依据,却确认铁道院有损害赔偿的义务。判决说道:铁道"因燃煤的需要而导致煤烟向周围飞散实属身不由己";"沿路居民出于共同生活的必要对此不能不加以容忍。……因此,对于火车行进过程中因不得已飞散的煤烟而对附近草木等所造成的损害,受害人不得请求赔偿,然而"如本 179案中立于铁路近旁的松树,"与其他散布在铁道沿线的树木相比,处于更容易遭受煤烟薰害的位置,且并非不存在可以预防损害的方法",结果,"(这种损害)超越了一般社会观念所认可的(受害者)应该容忍的范围,因此应当理解为,(铁道院)在行使权利上并没有采取适当的方法"。如此而言,这里存在可归于过失的原因,从而应认定"侵权行为成立"(1919 年 3 月 3 日大审院判决)。虽然从专业立场上来看,该判决尚有不少地方值得大加研究和批判,但无论如何,它体现了我国判例中的铁路责任。 180

　　对于矿物毒害等问题,当然在此可以联想为同类性质的问题。

五

以上所述是企业在外部对于一般他人造成损害时的情况,而当企业对内部的劳动者造成损害即发生所谓的劳动事故时,情况与之有所不同。在德国,根据1871年的法律,在这种情况下过失证明责任倒置。一般而言,相对人的过失应当由提出损害赔偿请求的一方来证明,而法律在此种情况下免除受害人的举证责任,改由企业主进行无过失抗辩。即以劳动者当然有
181 赔偿请求权为原则,只有企业主能够证明自己无过失时,才对其免除责任。
然而,这样仍然不能做到对劳动者的充分保护,因此德国把解决问题的途径从私法转移到了公法的领域,依靠劳动保险的方法来达到目的。1884年的《灾害保险法》首开先河;当初仅限于工业,后来更加扩展到其他行业,1909年7月5日的《营业灾害保险法》遂得以出台;到1911年7月19日《帝国保险法》制定之时,医疗、养老等各种公共保险法律都归于统一。

法国在劳动事故的损害赔偿上制定了特别法,即1898年4月9日的法律。虽然该法律最初仅限于工业,但其后经1905年7月18日和1906年4月12日两度修正,扩张适用于商业企业,且依具体情形更得适用于从事农业的劳动者及家庭之内的被雇佣人。该法律在事实上是以明文对企业主规
182 定了结果责任。

在该项法律制定以前,法国致力于通过判例实现对劳动者的救济。最初依赖于所谓的契约说或担保说,认为当企业主雇用劳动者之际,视为已对事故赔偿给予了担保。然而,这种解释不仅不符合事实,而且,当企业主在劳动合同中明确将事故赔偿担保义务排除在外时,劳动者仍然得不到救济。由此,法国将解决问题之道不再放在契约上,而是转到侵权行为上,即认为导致劳动者遭受损害的原因是企业主的过失。最初只是推定企业主有过失,如果企业主能够证明无过失则免除其责任,后来更是发展到不允许企业主进行无过失的抗辩。既然属于推定的过失,又不允许当事人进行无过失

的抗辩，这样的企业责任早已无法用过失主义理论加以说明。于是，认为企业责任的基础在于营业危险的新理论得以产生并逐渐为判例所采认。以这些判例为先驱，前述 1898 年的法律遂制定出来；以此项法律为基础，新理论 183 的精神得以扩张。所谓的危险责任论，即认为"危险之处必伴以责任"的理论，由此得到广泛的采认。

六

不能不说，我国《工厂法》第 15 条及《矿业法》第 80 条的规定正是对结果责任原则的确认。像这样以法律条文来明确规定结果责任，我认为从诸多方面可以看出其适当性。第一，对于结果责任，我国（国民）在法律意识上还不是十分的清楚明白。将结果责任作为一种解释而予以主张并不容易，反而不如将其规定于法律条文，对其宗旨予以明确揭示，这才是最好的做法。如此一来，企业主的赔偿责任也才落到实处。第二，我国《工厂法施行令》规定了《工厂法》的适用，明确了应当赔偿的数额。例如，该施行令第 8 条规定，职工死亡时，工业主对其遗族应支付不少于 170 天职工工资的遗族 184 扶助费。像这样对赔偿数额在法律上明确予以规定，促进了对赔偿者支配能力的保障。如果法律只是单纯地确认了结果责任，赔偿者的赔偿义务就往往变得无边无际，其结果反而是使企业陷入危险境地。因此，预先明确规定赔偿数额姑且也是理所当然的事情。第三，通过法律对结果责任予以明文确认，这不仅使得我们对于公平观念的法律感知从无意识状态转向有意识的状态，而且可以使我们以此意识为基础将结果责任原理进行适当的扩张。当初此项法律施行之际，人们只是将其视为特别法，或者只是将其视为一般规定的例外情况。然而，当人们对于此项法律的合理基础确已理解后，在此基础之上将其类推作用逐步发挥，从而使得《工厂法》《矿业法》效力范围之外但应当同等视之的场合，自然可以适用结果责任的精神。《工厂法》和《矿业法》都是将这种赔偿义务称为扶助，由此似乎体现了一种特别的、例外的宗旨,但从制度的合理基础而论,则无论是称为一种赔偿责任,还是称为因于过失的责任,实际上并没有什么差别,法律规定所体现的精神无疑早已超越了法律规定本身而得以广泛的适用。由此,结果责任论具有社会的意义。

185

七

结果责任引起我们的特别关注虽然只是近来的事情。然而,以罗马法为源并深受罗马法影响的各国民法,对于结果责任也并非全都视而不见。例如,我国《民法》第 717 条第 1 款规定:"因土地工作物的设置或保存有瑕疵而致他人产生损害时,工作物的占有人对受害人承担损害赔偿责任。但是,占有人为防止损害发生已尽必要注意时,损害应由所有人赔偿。"该条第2 款规定,以上规定"准用于竹木的栽植或支撑有瑕疵的情形"。从法国《民法》来看,对于由自己管理的无生命的动产所生的损害(法国《民法》第 1384条第 1 款)、对于由自己管理的动物①所生的损害(同法第 1385 条),及为事业而雇用人时对于由受雇人行为所生的损害(同法第 1384 条)等,都对结果责任予以认可。真正成为问题的是关于精神病人及儿童加害行为的责任,尽管我国民法在这个问题上未采认结果责任,然而外国的立法例则有逐渐采认的倾向(参见德国《民法》第 829 条、瑞士《债务法》第 54 条第 1 款等)。此外,如果要详细列举,还有种种情形。

不只侵权行为是这样,如果转向债务关系来看,采认结果责任的情况亦不少见,此处略举数例。例如,买卖中的瑕疵担保就属于这种情况(《民法》第 561—567 条、第 570、559 条),即,在某一特定物品的买卖中,如果该物品隐含瑕疵,则出卖人对于物品瑕疵就要承担责任。又如,在委托关系中,被委托人为了处理委任事务,非因自己过失而遭受损害时,则对于委托人能够

---

① "动物"二字在原书中是"动产",应为笔误,今改之。——译者注

请求损害赔偿。不管委托人有无过失，委托人都应当承担责任，因此这属于适用结果责任的一种情形。此外，《民法》上尚有种种情形可资引证，此处不赘。在《商法》的范围内，也有以下采认结果责任的情形之例。例如《商法》第 354 条规定"旅店、饭店、浴场及其他客人云集的场所，客人所寄存的物品发生灭失或毁损时，营业主除能证明因不可抗力造成损害外，不得免除损害赔偿责任"。这表明，对于顾客物品灭失或毁损这样普通的事件，不管营业主有无过失，都要使其承担责任。此外，其他可以准照结果责任的情形是由于他人过失的赔偿责任，例如关于运输合同（《商法》第 322、337、350 条）、顾客聚集的公共场所中客人所携带物品（《商法》第 354 条第 2 款）、仓库业（《商法》第 376 条）、船舶运输（《商法》第 592、639 条）等规定，都体现了结果责任的精神，规定对于由使用人过失所造成的损害，主人不管自己有无过失，都要承担损害赔偿的义务。

由此可见，虽然作为企业责任的无过失责任是一个新问题，但不能不说，在从前过失主义的法律制度下对于结果责任实际上也在很大程度上予以了采认。在对如此情形下法律制度的精神予以考察后再以之来讨论企业责任，则目前对无过失责任就大可不必抱着惊奇的眼光看待了吧。

八

关于结果责任，在此特别要加以探讨的，是由适法行为所产生的赔偿责任。如果按照以前的观点，几乎难以想象对于适法行为也要伴之以赔偿义务。下面先从简单的事例开始进行探讨。

《刑法》第 37 条所规定的是紧急避险。即，为避免自己或他人的生命、身体、自由或财产遭受现实的危险而不得已采取的行为不属于犯罪。不过，附加的限制条件是，避险行为所造成的损害不得超过所避免损害的程度。姑且不论对于避险行为的限制。如此一来，紧急避险行为在刑法上就属于无罪，然而，这并不意味着该行为就不能发生民事上的赔偿责任。《民法》第

720 条第 2 款规定,只有在物件造成急迫危险时,毁损该物件(的行为人)无
190 赔偿的义务。由此,有学者认为,除了依《民法》第 720 条第 2 款规定的场合
以外,包括《刑法》第 37 条所规定的场合,都不用承担赔偿责任,然而,实际
的判例对此观点却并不认同。《刑法》第 37 条的行为虽然不属于《民法》第
720 条第 2 款的规定,但仍引发损害赔偿责任(1914 年 10 月 2 日大审院判
决)。即,从公共利益上的关系出发,对紧急避险行为虽然应予准许,但从因
避险行为而遭受损害之人的立场出发,应当令避险人对其损害承担赔偿责
任。对此,德国《民法》第 904 条规定得非常有趣。依照该条,允许紧急避险
人毁损他人的所有物,与之相对应,物的所有人负有容忍的义务,即容忍其
物为紧急避险人所毁损,然而,物的所有人对于所遭受的损害,能够向避险
191 人请求赔偿。如此法律,在已规定物的所有人有容忍义务的同时,仍然规定
了避险人的赔偿义务,因此推断,对于物以上的利益,例如人的生命、身体健
康等遭受损害时,赔偿义务的存在更属理所当然。即,紧急避险的行为,一
方面属于法律上所允许的行为,另一方面又产生赔偿义务的后果。瑞士《债
务法》第 52 条第 2 款亦对紧急避险人的赔偿义务进行了规定。

　　由适法行为而引发赔偿责任的种种事例在其他地方还有不少,例如相
邻关系(《民法》第 209 条第 2 款、第 212、232 条)、转质(第 348 条)、承揽、委
托(第 641、651 条)以及抵销(第 507 条)等,皆其适例,为避免过烦,此处
不赘。

　　从上述观点出发,企业责任亦可以纳入其中加以考虑。企业的经营固
然是法律所允许的行为即适法行为,但行为的适法性并不妨碍赔偿责任的
192 发生。

九

　　在前文所引用的 1916 年 12 月 22 日的判决即对于某化学工业公司毒
瓦斯致害事件的判决中,大审院认为该公司的经营并不违反公共秩序和善

良风俗,并以该公司为预防毒瓦斯的损害已配置了与企业性质相符合的设备为由,驳回受害农民的赔偿请求权。随着现代经济生活的发展,过失早已不是唯一的责任原因,这已经成为显著的事实,但大审院的判决对此事实视而不见。过失主义以前之所以被认为合理,是因为预定无过失则不会发生不当的损害。然而,在现代的企业生活中,即使没有过失,亦可能发生不当的损害。在上述案例中,某化学工业公司尽管不存在过失,但其毒瓦斯却造 193
成了农民的损害,对此绝不能视为法律生活中理所当然的事情。假如现代的科学技术能够做到对于毒瓦斯的完全去除,而该公司也彻底地实施此项技术即不存在任何过失,则损害当然不会发生,此时依据过失主义便可以完满地解决问题。然而,现代的科学技术并不那么完善,而且出于公共利益和经济的需要对此种工业也还不能不予准许,于是,因科学技术不完善而导致农民遭受损害便成为工业企业本身所附随的缺陷,对此,该工业企业难道不应当完全承担责任吗?也就是说,问题的核心在于责任存在的基础,而决不是过失的有无。大审院只知道《民法》第709条的过失主义,对于现代经济生活的重大变迁却懵然无知。

十

194

过失责任以前之所以存在可靠、合理的基础,是因为它符合我们的道德观念。然而,现在如果要认定在过失责任之外而采认结果责任也是出于实际的需要,则自然有必要站在不得不采认结果责任的立场,来对过失责任的原则予以一定的批判。

所谓因于过失的责任,是基于该过失在道德上具有应受指责这一理由而成立的责任,由此遂构成所谓归责的概念。在因于过失的行为中,该行为与其人格之间存在一种特别的联系,因此在法律上和道德上就仅仅从该行为出发,认为其行为体现了其思想。

毋庸置疑,基于故意的责任同时即是道德的责任。但对于由狭义过失 195

即仅由不注意而产生的责任,还要进行多方面的考察。究其原因,对于因不注意而产生的责任,原则上应依法律上所谓的善良管理人的注意程度而决定。即,以一般注意较深之人的注意程度为标准,与此标准相比,若低于该标准则认定为其注意有所欠缺,由此成立所谓过失。至于本人实际上的注意能力,则并不顾及。由此,如果本人的注意能力有所欠缺,即便其行为与其主观立场并不一致,但仍然成立过失责任。因为在我们的共同生活中,如果每个人都不能尽到一定的注意义务,则社会秩序的维持和社会进步的期待都将难以实现,仅仅要求每个人尽到实际能力是远远不足的。当损害是由于当事人在注意标准上存在欠缺而造成时,我们才对其追究损害赔偿责任,这是比较公平的做法。由此应当理解到,因不注意而产生责任的基础,并不是因为该行为在道德上、法律上可归责于行为人,而是出于期望共同生活的圆满和公平这样一个社会的理由。

196　　　并非仅仅对于因不注意而产生的责任要从共同生活利益上予以探讨,对于因故意而产生的责任亦应当同等对待。第一,在我们的共同生活中要求一定的注意义务是正当的,那么,在这之上要求不得实施故意加害行为当然有更加充分的理由。第二,对于因不注意而产生的损害,将行为人作为过失人并令其承担责任已被视为公平,那么有更加充分的理由认为,在这之上要求故意加害人对其损害承担责任亦合乎公平。由此可见,当说明过失主义的责任论时,没有必要借用归责(imputability)这样抽象的特别概念,只从我们共同生活的必要和公平出发,就能够理解且能做到充分的理解。

197　　　过失主义一向将责任承担的基础归于正义之上。如前所述,伴随着以前的正义论向现在的公平论的转化,关于过失主义的根据,从所谓公平的立场来看,也应当考虑过失场合以外的情形下是否可以产生责任的问题。也就是说,对于过失责任,要避免从主观的立场加以理解,从而使得更加广泛地客观地理解责任的基础,这才属于公平观念的当然结论。

　　　在我们以前的共同生活中,凭借每个人尽到一定的注意义务,就已经能

198　够满足充分维持安宁秩序的要求,从而过失理所当然地成为责任的基础。即使这样,由于种种原因对结果责任也不能不予以采认的情形前文中已有

所论述。时至今日,在现代的经济生活中,生活的内容已发生了极大变化,新企业及其他新生事物层出不穷,以前作为例外情况而认定为结果责任的案件也逐渐增多,对此已不能再称之为例外的现象。这样的新生事物,一方面增进了共同生活的幸福,因此当然要对之加以尊重,然而另一方面又造成了可能引发特别损害的危险。为了保障其利益,同时又对其损害给予救济,以其利益负担其损害岂不是最为公平的解决之道?尽管在以前的生活中只将因于过失的责任视为符合公平要求的责任,但在今天,在过失之外应当适用公平观念的情形却不少见。所以由此而言,结果责任不应被视为过失责任的例外,而应当被看作是过失责任原理优化的结果。

既然结果责任不是责任的例外,则企业责任也不应被视为民法的例外。企业所造成的损害虽然不是过失致害,但不能因为不属于过失就不承担责任。过失固然产生责任,但过失不是责任的唯一基础,因此,对于企业致害的本质、损害责任的有无以至责任的范围等有必要予以探讨。

199

十一

在此拟对称为违法主义的一派学说稍加阐述。违法意味着法律所禁止的情形。该派学者避开将责任的基础归于过失这样一种主观事物,主张从行为违法性这样一个客观事物中探求责任的基础。

违法可以区分为行为的违法和状态的违法。所谓违法的状态,是指构成法律所禁止情形的一定的状态,该状态对于是否出于过失一概不论。这种状态自身即产生一种责任,排除妨害请求权就属于这种情形。例如,邻居家的树木因偶然原因而倒伏在我的土地上,我作为土地所有人,从所有权的效力出发,有权向邻居请求排除妨害。于此情形,邻居并不存在过失,因此我不能基于侵权行为向邻居主张损害赔偿请求权。但是,邻居因其所有的物件发生违法的状态,因此对于排除违法状态自然要承担一定的责任,这正体现了我的所有权对于邻居的效力。既然违法状态会发生这样的责任,那

200

么,从其违法构成的角度来看,即使行为人不存在过失,令其承担责任也是当然的事情。由此,关于侵权行为的责任,遂产生了应将责任基础归于行为违法的主张。现在法国的判例将《民法》所规定的过失一词(第 1382 条)即解释为违法的意思,依此解决了不少纠纷。法国并没有像德国那样制定特别法,但竟能很好地适应时势的要求,不能不归功于这样的解释。而在我国,前述 1919 年 3 月 3 日的判例在论及因铁道煤烟熏死松树而产生的责任时,也曾大量借用这种违法主义的口吻,实属非常有趣。在该判例的结果上,大审院将过失与违法同等视之。判决认为:"权利的行使也要在法律所认为适当的范围内进行。权利行使之际,如果因为故意或过失而超越其适当的范围,因该失当方法而对他人权利造成损害时,则根据侵害的程度而成立侵权行为。"但又接着说:"然而,什么才是其适当的范围?大凡在社会共同生活的人们之间,某一人的行为往往难免对于他人成为不利之事,此时不可即视为对权利的侵害,而其他人在共同生活的必要上对此也不可不予以容忍。不过,当该行为在社会观念上已超越一般认可的受害人应当容忍的程度时,就不能说权利仍在适当范围内行使,而要理解为侵权行为方为适宜"。在我看来,判决说理的后一段文字所采认的就是违法主义,而前一段文字则属于违法主义和过失主义的结合。最后,从判决结果上看,(由于铁道院)对接近停车场、距离铁道线路不足一间房屋距离的松树未有任何防止煤烟的设施,或可视为超越了权利行使的适当范围,或可视为存在过失,因此判令铁道院承担赔偿责任。对于此项判例的说明,虽然从专业立场来看仍有值得研究批判的余地,但其对违法主义的明显采认倒是饶有趣味。

十二

违法主义比过失主义前进了一步。我虽然并不将它视为完美无缺的学说,但是从中可以获得很大的启示。以前的过失主义属于债务人主义,即,债务人(就债权关系而言是债务人,就侵权行为而言是视为债务人)只要没有过失,就不用负担任何责任,所有的损害都由债权人即实际上的受害人负担。然而,债务人即使没有过失,但其引起的状态如果在法律上构成违法情形时,则对于因违法状态而导致的损害,只令债权人一方予以负担,这显然不尽合理,难道不应当将这种损害引向由债务人负担吗? 由此可见,对于引发损害事实的行为,依法律是否允许而区分为不法行为和合法行为,这确实有一定道理。相对于过失主义的债务人主义,将违法主义称为债权人主义亦无不可。以前的过失主义标榜责任的道德意义即正义,仅注重保护债务人。与其相对应,这种新的违法主义则从行为的客观意义即行为是否符合法律的目的出发来保护债权人,这就是违法主义极其富有启示的地方。

　　然而,从债务人的方面来看,以不存在过失的行为来责备债务人,其理由未免有些不足。那么在结果上,无过失状态下的损害难道不应当公平地在当事人间分配吗? 违法状态情形下排除妨害的请求权,仅仅得以请求妨害的排除,并不包括损害的赔偿。这是因为,该项请求权属于所谓物的请求权,仅能主张自己的所有权,而不能主张他人的侵权行为,这本来是理所当然的事情。然而,于此情形,将其主张限定于物的请求权之外,难道就没有公平处理事态的方法了吗? 无论如何,将违法行为情形与因过失的侵权行为情形完全一视同仁,这本身就不够妥当。因此,违法主义学说之中也有论述得不够完善的地方。

　　而且,违法主义的缺点还体现在,对适法行为也产生赔偿责任这一点非常难以解释清楚,企业责任就属于这种情况。有学者主张将这种赔偿责任不纳入责任的概念之内,从而与一般的责任问题相区别。如果将这种赔偿责任仅视为对违法行为的制裁时,固然可以将其排除在责任的范围之外;但是,如果从公平的分配损害的立场来看,则这种赔偿问题与一般的责任问题,不存在应当加以区别的理由。总地说来,以前的责任观念基于个人主义的思想,仅仅从行为人的立场出发而对个人的行为进行法律的、道德的评价,故其结论便是对过失主义的倡导。与之相比,违法主义的眼界稍有扩大,在行为人自身之外更顾及被害人的地位,但又止步于单纯的违法行为,可谓仍然未能超出个人责任观的范畴。我们认为,应从一般社会公平这样的崇高立场来构筑责任论。而在前述情况下所谓的"责任",称为责任或许在用语上就不够妥当,因为此时责任的用语尚未脱离传统的背景,对此概念可能还是以回避为妙。用语的问题且待别处再议。无论如何,从以前的传统思想中脱离出来,考虑对发生的损害事实在法律上应由何人承担责任方为妥当时,就不能不从社会公平这样的崇高立场出发来做出决定,由此,我们对赔偿问题才能进行统一的整体的思考。我对于主张赔偿属于责任或不206 属于责任存在区别的观点委实不敢苟同。

十 三

赔偿责任要从社会公平的立场予以探讨,因此,就要提倡所谓的公平主义。公平主义可以区分为二:一个是公平原因主义,一个是公平分担主义。所谓公平原因主义,是把赔偿责任的基础归于公平。虽然过失责任的归着之处也在公平,但根据公平原因主义,只要符合公平观念的要求,即使在过失之外,也要令其承担相应的责任。与公平原因主义相对应的所谓公平分担主义,是将损害的负担数额在当事人之间公平地予以分配,尤其适用于非因过失而致损害的情形。这两种学说相互牵连,甚至连有些学者对其区别也不大清楚。

207　　公平主义的学说在解释论上已获得一定程度的认可。究其原因,现行法确认了结果责任,但在大多情形下是作为过失主义的例外,而同时对于这些例外情形的确认,往往要借助于公平主义、交易必要、公共利益等理由来加以说明。这种说明终究不外乎将结果责任视为责任的例外现象。然而,作为学说的公平主义,则是将过失责任和结果责任进行统一的理解,因此具有新的特色。依照公平主义思想,民事责任上不再将行为人的"应受责备"作为基本要件,而是谋求社会上对于损害的公平分担。

208　　无论如何,以前在法律概念的体系上,严格要求逻辑上的清楚明白。这种思想和"过失主义具有逻辑性"、"裁判是法律的逻辑适用"等观点,与三权分立思想相结合,使得过失主义的责任论广泛地成为法律上的公理。但也正是因为这个原因,这种法律理论极其形式化,同时不免在某些地方与我们的道德观念及常识背道而驰。然而不能不说,法律的权威就在于,法律规定的实质要符合我们的道德观念及常识。因此,当我们将以前的过失主义作为个人主义的东西在此加以批判,并进一步从新社会的立场来解释责任的基础时,则以前的逻辑主义自然不得不受到一定的限制。与此同时,所谓公共秩序、善良风俗、交易上的诚实信用等逐渐被解释为民法上的基本原则,而作为基本原则之一,公平主义也被提出和倡导。这些概念,在逻辑体系方面虽然存在明显的缺陷,但在今日则不拘于此而将其视为法律上的基本原则。

　　脱离逻辑主义而采用上述原则体现了20世纪法律理论的特色。但是,209 至少从责任论的公平主义来看,不能不感觉到其轮廓明显不够清晰,从而基于公平主义来探讨法律体系时,在许多场合尚属困难。时至今日,立法上暂时对公平原因主义予以回避,而只采用公平分担主义。瑞士《民法》将结果责任情形一项一项地通过列举加以规定,关于各种损害的分担即赔偿数额的确定,则交由法官依据公平观念予以适当裁定。我国《民法》有过失相抵的规定(第418、722条第2款),即,对于损害的发生,赔偿请求权人有过失时,则在确定赔偿责任的有无及赔偿数额的多少时,要对请求权人的过失情况予以考虑,这是适用公平主义的一个适例。

　　作为立法上的原则,公平主义可以说是相当的完美;而作为思想上的原 210 则,公平主义也确实算得上是相当妥当的原则。相比而言,过失主义早已不是责任论的原则,而结果责任也不再是责任的例外。以前以《民法》第709条的过失主义为原则来使用所谓的"反对论方法",不过属于法学家的套路。即,对于无过失的损害事实,作为《民法》第709条的反对解释,来论证责任的不存在。然而在今天,这属于反对论方法的滥用。对于无过失的损害事实,务必要脱离《民法》第709条而通过另寻条理来论述责任的有无及责任的范围。由此,《民法》第717条关于工作物的结果责任,不得不依类推解释而扩大适用。我认为公平分担主义在今后势必会有特别大的发展。

十四

211   我在此拟对"富者生债务"(richesse oblige)这一责任原则进行探讨。
关于该原则的适用,例如富人在持枪游猎中伤及穷人,于此情形,富人虽无
过失也要当然地承担损害赔偿的责任。再如,患有精神病的富人杀伤穷人
时,亦属于同样的情形。这从逻辑形式上来看似乎非常不合理,但从实质上
来看,则非常合乎人们的常识。按照公平主义中的公平分担主义,务必要对
当事人的财产状态进行充分的考虑。于是,对于同样的事实,若发生在穷人
身上则不构成产生责任的原因,若发生在富人身上则产生赔偿义务,这样的
事例并不少见。以前的法律思想重视尊重贫富之间形式上的平等,然而最
近的思想则注重实现两者之间实质上的公平。作为公平观念的适用,对于
212 富人因其为富人之故而令其承担更多的义务,这也是合理适当的事情。因
此,企业责任也是这样,对企业的资本主义结果的考虑正是导致适用结果责
任的原因。所谓"富者生债务"(此语由布伦奇里①所提出),虽然从形式上来
看似乎非常缺乏妥当性,但从实质上来看,不能不承认其具有极大的启示。

十五

        我在下面试论述关于企业责任的学说的演进。
        第一是过失拟制主义。所谓过失拟制主义,是指认为一定的企业从其
性质上当然与过失相伴的主张。该主义在一定程度上被德国、法国的判例
所采认。例如,1861 年 4 月 16 日德国慕尼黑控诉院对于铁路相关案件指

---

①   布伦奇里(Johann Kaspar Bluntschli, 1808—1881),瑞士法学家、政治家,曾任慕尼黑大学教
授,著有《普通国家法》等作品。——译者注

出："使用机车的铁道的经营必然且经常伴有过失的行动"。在法国的判例 213
中,形式上适用《民法》关于侵权行为的规定,实际上则依据过失推定原则,
对许多具体案件予以公平的解决,这已经成为明显的事实。然而,从理论上
来讲,过失拟制主义多有不当。首先,抽象地认为企业性质必伴以过失即为
不妥。如果企业性质上真的必然与过失相伴,那么就难以理解有什么理由
允许这样的企业存在。因此,过失的有无一定要结合各种具体的场合进行
论断。其次,为何对于推定的过失不许反证呢? 这是一个问题。推定当事
人有过失而又不许其提出反证,这是借过失之名而行抛弃过失之实。可见,
过失拟制主义一方面是对传统思想在形式上的保留,另一方面是对新要求
的勉强适应。

第二是与过失拟制主义相继而来的担保主义。担保主义认为,不论有 214
无过失,判令承担赔偿责任的原因在于存在默示的担保契约。如前所述,法
国由来已久地依据该理论对企业事故中的劳动者予以保护。然而,该理论
仅适用于企业主和劳动者之间,即只适用于雇佣劳动关系,对于企业外部的
危险,则不具有任何作用。而且,如果企业主在契约中明确写明不承担担保
的义务,则担保主义可能完全没有使用的余地,这一点我以前曾有所论述。
从企业责任的性质来看,即使当事人明确提出反对意见,企业责任也不受影
响。企业责任紧密地附着在企业的本质之上,体现了一种公益的属性。由
此,担保主义在今天已被抛弃。

第三是利益主义。有学者创立所谓"自己的利益是自己的危险"的原则
(翁格尔)[①],与之相似,另有学者提出"为实现自己利益而实施的行为对于
第三人的合法利益产生危险时,应对之承担责任"(梅克耳)[②]。总而言之, 215
以一定利益为目的而采取行动的人,对于因其行动所生的损害,应当承担责
任。然而,这种理论有失于极端,究其原因,我们经常以自身利益为目的而

---

① 翁格尔(Joseph Unger,1828—1913),奥地利法学家和政治家,曾任维也纳大学教
授。——译者注

② 梅克耳(Adolf Josea Merkel,1836—1896),德国法学家,曾先后任布拉格大学、维也纳大
学和斯特拉斯堡大学教授。——译者注

行动,如果根据这种主义,我们将不得不对我们行动的一切方面承担责任。问题应当归结于,如何能够更加妥当地说明相对于企业主的行动而要对受害人利益特别加以保护的合理性。

　　第四是危险主义。近代的大企业自身就隐含着危险,即使按照现代科学的要求已尽到最周全的注意,其危险仍不能完全排除。但为公共利益的需要,如果对于此项企业又不能不予以准许,那么就应当为其设定准许的条件,即,企业对因其固有危险而造成的损害由企业自己承担责任。不然,如果任由企业对其损害置若罔闻,则企业完全忘掉了公益上准许企业经营的宗旨。毕竟,在我们的共同生活中,我们的行动可分为普通行动和非普通(尤其是使用强劲动力)行动。企业如果因非普通行动而获取利益,就应当对因这种非普通行动给他人所造成的损害承担责任。

　　这个学说一方面体现了利益主义的优化,另一方面在企业责任范围上明显采用了公平主义的理论,而在其内部,"富者生债务"原则又异常活跃。如果对这一学说进行深入研究,恐怕其缺点也会暴露出来,但在当前,它无疑是最进步的思想,并且在说明《工厂法》《矿业法》相关规定的基础时显示出,这是一个极其富有扩张可能性的理论。

十六

　　无过失责任存在多种情形。当前如果要对它进行统一的说明,则不得不依赖于公平主义。然而,公平主义作为法律的原理,如果极度漠视逻辑的体系,就会导致在结果责任上出现多元的解释。在企业责任问题上,危险主义清楚地揭示了将企业责任作为结果责任的原因,所以目前在企业责任的范围内得以采认。

　　取代以前的过失主义而采认公平主义是思想上的巨大变迁,属于一种进化,在我看来,这一进化具有重要的人文意义。而且,企业责任上危险主义的主张虽然目前仅仅局限在企业责任的范围内,但是,危险主义使得当代的人们能够特别意识到所谓的结果责任,显示了社会道德层面上的重要意义,恐怕这也是不争的事实。

如果允许我在这里斗胆提出我确信的观点,则我认为危险主义绝不应当仅仅用来作为说明企业责任的根据。不过,如果要将结果责任的诸多情形一一列举而加以论证,恐怕要占用过多篇幅,此处从略。在我看来,过失主义最后的结局不过是危险主义的适用。无论是故意还是疏忽过失,都产生了导致损害结果的危险,从而对于责任应当基于产生危险的本质而予以考虑。对此,本文不予详细阐述。无论如何,我都认为危险主义在今后的责任论中应当占据重要的地位。

下面对冈松博士大作的结论予以阐释。冈松博士经过锐利的分析和研究,得出责任理论不可统一的结论,他说:"如果得以发现能够网罗一切责任原因的最高观念,则首先就要认为是过失责任,至少不得不将过失主义视为一半的真理而加以维护"(第 724 页)。然后,冈松博士对于结果责任认为:"是否应当采认结果责任与各种各样的具体情形相联系,从而成文法上所确认结果责任的根据也是各有不同,因此在某种特定的理由下将其统一起来是难以做到的事情"(第 726 页)。对此,我在法理研究会上曾向他提出以下两个问题:第一,在关于责任以至结果责任的多元的根据之中努力归纳出可采认的一元根据,难道在责任以至结果责任的本质上是不可能的事情吗?第二,在关于责任以至结果责任的多元根据之间,提取基本的原理并对其变迁和进化进行探讨,难道不是一件有意义的事情吗?我很遗憾,在这两点上与冈松博士的看法不同。虽然存在这样的不同观点,但毫不减少我对冈松博士的哀悼之情,我再次对博士的逝世表示不胜的沉痛。

十七

如今,临时法制审议会基于我国自古以来的淳风美俗而进行《民法》的改正。在道德与法律关系的问题上,不能说,无过失责任论具有重要的社会意义。审议会倡导自古以来的淳风美俗,明显体现了其立足点全在于历史的根据。而这个时候务必要特别加以研究的问题,在于新的无过失责任理论应当如何以我们的民族精神为基础。同时,审议会在考虑当下社会问题之际,对于无过失责任理论应当如何理解、如何系统化、如何扩展适用等问题,都应当特别留意。

221   无论如何,法律的技术问题应委托给法学家解决。关于结果责任的立法技术,应属于相关专家的工作。不过,对于无过失责任的哲学,对于结果责任的思想,还是不能不先提交社会共同商议,只有在与社会公众深入探讨的基础上才能共同确定。

1922 年 1 月 20 日

第八节　权利的滥用

此文刊登于 1904 年 6 月 1 日发行的《法学协会杂志》(第 226 卷第 6 号)。它不过是我年轻时的一篇随笔,然而当时我国对权利滥用的理论尚不太理解,所以我在那个时期写成此文。现将其收录于此(已从文言文改为白话文),以兹纪念。

时至近日,所谓权利滥用的问题明显引起了学者们热烈的议论,并被认为是现在立法上及解释上重要且困难的问题。

一[①]

首先,关于权利的滥用,略举几个在审判中的实际问题予以探讨。

第一是关于被雇佣人的解雇问题。对于未定期限的雇佣关系,当事人无论何时都可以提出解约的声明。但是,当声明人的解约并不存在一定的理由时,相对人需要具备什么样的条件才能对其声明主张损害赔偿?(参见法国《民法》第 1780 条;Revue critique 1895 年第 609 页"判例评论")

第二是关于行业罢工的问题。法国在法律上将同盟罢工确认为一种权利,但是,如果同盟罢工的目的是迫使企业解雇未加入劳工组织的劳动者并压迫雇主时,这种罢工还能称得上是权利的正当行使吗?(法国最高法院1892 年 6 月 22 日判决)

第三是关于不当诉讼的问题。法国曾有判例认为,对于因加害之意、恶

---

① 原书中本文的五个部分都只有分节号,为便于阅读,本译本将分节号代之以数字排序。以下同。——译者注

意或重大过失而提起诉讼的人,应当由其承担损害赔偿的责任。

　　第四是关于所有权滥用的问题。例如,某土地所有权人在土地利用中对相邻人造成损害时,该土地所有权人不能不承担损害赔偿的责任。

　　第五是作品侵权问题。例如,作家通过其创作的小说中的人物来叙述他人的经历是否构成侵权? 1895 年瑞士最高法院曾有这样的案件。再如,报纸因批评他人而致其损害时是否要承担赔偿的责任? 1896 年法国里昂225 法院曾有这样的案件。

<h1 style="text-align:center">二</h1>

　　法律所确认的权利都不是绝对的权利,权利只有在一定范围内的行使才是权利的适当行使。就法国的法律来说,这种观念在行政法关于官吏的责任上向来最为发达,关于行政上权力滥用的救济方法,很早就有条理清楚的判例。至于在私法的领域,虽然可以发现若干与劳动问题相关联的案件,但大多属于近十几年来的事情,且学者们的观点也未能统一。首先,对于权利的滥用与权利的欠缺是不是相同的概念,学者观点各异。其次,关于权利的正当行使与权利滥用的界限,学者也未给出令人满意的说明。

　　比夫努瓦尔①在关于契约原因的理论中,对于权利经常具有的非绝对性进行了论述,他说:"意思的自治并不表示任何意思都百分之百地产生拘226 束力,法律更要探究为何意思要进行自我约束。"如果将此理论推及于所有权,则"所有权也是这样,所有权的自治并不是允许权利人在标的物上绝对地行使权利。权利人行使权利的行为,务必在法律上有应当被允许的正当原因"(《所有权和契约》第 809 页)。

　　如果权利人行使权利超越了界限,即权利的行使不存在正当的理由,则

---

　　① 比夫努瓦尔(Claude Bufnoir, 1832—1898),法国法学家,著有《所有权和契约》等作品。——译者注

应视为权利的欠缺。学者普拉尼佑①对此解释道:"近代的法学家以及立法者倾向于相信,权利的行使中不时有被滥用的情况。如此看来,权利滥用一词已作为含义明白的用语而得以使用起来,然而,权利一旦被滥用,则同时即失去其权利的性质。同一行为既符合法律又违背法律,这是不可能的事情。世人之所以采用这样的用语,只是在表明权利大多不是绝对的权利。在权利的界限以外,权利人完全处于无权利的状态,从而应当将超越权利范围的情形归于权利人滥用权利的行为。所谓权利滥用的观念,虽然这样解释尚且说得过去,但该用语本身确实不够精确。"(普拉尼佑《民法要论》第 2 卷第 2 版第 265 页)

　　普拉尼佑的这种观点,岂不是将权利的滥用视作无权利的行为吗? 岂不是将权利的滥用视作对他人权利的侵害(参见同页注)吗? 如果是这样,他人对于该见解难免会提出有力的反对意见。在被视为权利滥用的案件中,特别以所有权滥用的案件为多,而从中可以发现对他人权利的侵害。然而,正如有的学者所指出的,现实中亦有完全不存在对他人权利的侵害但仍然构成权利滥用的情况,例如雇主解雇被雇佣人的情形(夏蒙《权利的滥用》,《民法杂志》1902 年第 1 卷第 1 号第 116 页)。根据法国《民法》第 1780 条的规定,对于未定期限的雇佣契约,尽管无论何时均允许当事人解除契约,但解约人应承担损害赔偿的责任。夏蒙对这项规定解释说:"任何人对解约权都不得否认。只有法律对其行使予以监督"(同页)。判例亦大多不拘于该项解约权所受到的损害赔偿的限制,仍然确信其为权利的行使(参见普拉尼佑前揭第 2 卷第 2 版,第 589 页注 2)。由此可见,这种关于解约权的规定是出于公共利益的考虑,而法律采认损害赔偿责任的宗旨似乎并不在于对权利的限制。

　　萨莱伊亦认为权利的滥用与权利的欠缺可以加以区别,他说,"在权利欠缺之际,主要的制裁在于以其合法利益与不法行为相对抗,而不仅仅是请

---

　　① 普拉尼佑(Marcel Planiol,1853—1931),法国法学家,著有《初级民法学》《古老的布列塔尼习惯》等作品。——译者注

求补偿。换句话说,这属于原状自身的恢复,而不是同等利益的给付"(《债权论》第 2 版第 373 页注),萨莱伊对此还举出一例来进行论证。

230   萨莱伊虽然认为将权利滥用与权利欠缺二者加以区别的观点并没有什么问题,然而他又认为,权利欠缺之际则有恢复原状的诉权,权利滥用之际受害人得以请求损害赔偿,对此难免引发有力的反对意见。法国《民法》第 1382 条决非是对此种区别的采认,而是表明对于因侵权行为受到损害的赔偿方法,交由法院在考虑案件具体情况的基础上做出任意决定。对萨莱伊的观点及其示例,夏蒙曾予以批驳,认为对于因权利的欠缺而导致侵权行为时,受害人反而不求恢复原状而竟主张权利的滥用,并举出一例加以论证(前揭论文第 117 页注 4)。

三

     对于权利侵害的事实与损害并不相伴而生的情形下是否成立侵权行为
231 的问题,英国普通主义与欧洲大陆主义表现出不同的倾向。这个问题的难点在于,无权利侵害的事实却同时存在损害发生的事实时,是否成立侵权行为。也就是说,探讨权利滥用与权利欠缺的区别时要注意两个问题:第一,是否应当承认存在这样一种情形,即虽然不侵害他人的权利却导致了损害的发生? 第二,如果应当承认存在这种情形,那么应当在何种条件下由其承担损害赔偿的责任? 在我看来,责任理论的倾向在近代发生了巨大变化,不再拘泥于以前主观主义的学说将本人过失作为责任的根据,而是随着客观主义的逐渐发展以因果关系代替了本人的过失。例如,关于劳动事故中雇主的责任问题就引发学界、实务界的深入讨论,对此,法国 1898 年 4 月 9 日的法律至今仍是饶有趣味的问题。再如,因精神失常者所造成的损害仍由该精神失常者承担赔偿的责任,各国立法都有这样的实例,有些问题在法国还曾成为议会的议题(夏蒙前揭论文第 114 页注)。这些都从实际上体现了客观主义与以前学说的显著对立,对于本人所造成的损害,不再以本人的应受责备为理由,主张由本人承担赔偿的义务,因此也有学者提出将客观主义亦作为确定权利滥用观念的论据(《波斯库民事犯要件论》,夏蒙前揭论文第114页)。在我国《民法》第709条关于侵权行为要件的规定中,过失和权利侵害同为侵权行为的要件,这与法国《民法》第1382条仅以所谓 fante(过 232失)为侵权责任基础的规定有很大的不同。所以,对于如何确定权利滥用的观念,在我国因与民法解释相关联从而不得不说有相当多的难点。

四

    下面进一步来探讨学者们在权利适当行使与权利滥用应当区别的标准上所提出的一些观点。

234

    法国的大多数判例由加害意图来确定权利滥用的概念,这大体是因为在作为问题探讨的多数案件中,都能够证明加害意图的存在,因此法院便以之为理由进行裁判。德国《民法》第226条规定,"权利的行使不得以损害他人为目的";第826条规定,"以违反善良风俗的方式故意对他人施加损害的人,对他人负有损害赔偿义务",将加害意图作为权利滥用的要件。与之相对,法国《民法》第1382条规定为"不问因何种事由而使他人遭受损害时,因其过失 fante 而应当承担赔偿的义务",可见,法国法单纯以加害意图作为权利滥用要件这一点从该项规定中并未得到直接、明白的体现。从立法论的角度,萨莱伊提出,违背善良风俗的行为本身即应视为一种权利的滥用(《债权论》第310页末段)。从解释论的角度,有几位学者认为将权利的滥用仅限于存在加害意图的情形未免过于狭隘。例如,夏蒙认为,权利的不正当(abnormal①)行使,即违反权利在社会上、经济上的目的(destination sociale ou économique)而行使,换句话说,为社会公共利益所应排斥的行使,是权利的滥用(前揭论文第123页)。惹尼则从私法解释论入手认为,以

---

    ① "abnormal"一词在原书中是"anormal",应为笔误,今改之。——译者注

所谓加害意图这样道德的心理上的事项作为标准并不妥当,"我相信,要了解个人权利正当行使的真正界限,务必首先要探求该项权利在经济的、社会上的目的,并与位于该项权利反面的其他权利在经济上、社会上的目的相比较"(第544页)。皮卡尔①也从其"纯正法理论"出发论及权利的界限,认为权利的正当行使"并不是出于对权力行使的限制,而是要求权利的行使符合该制度的精神"(第241页)。

五

综上,权利滥用的问题虽然极其重要,但不管是在立法论上还是在解释论上,相关的研究都不够彻底。第一,权利滥用概念本身就不够明白;第二,对于权利滥用的判定标准难免存在不明之处。不过,从法律思想发展的概况对这个问题予以思考是一件极其富有趣味的事情,下面我从四个方面分别加以考察。

第一,权利滥用问题在学术界及实务界引起强烈反响还只是近来的事情。虽然这个问题主要在同盟罢工、雇佣契约等劳动问题上体现出来,但如果远溯其由来,也属于很早就有的事情了。早在古罗马时期,就不拘泥于大多权利在法律上的绝对形式,在实际上对权利给以诸多的限制,对此耶林曾有清楚的说明。对于确定各种权利界限的规定亦散见于《查士丁尼法典》的各个角落。皮卡尔也曾评论说:"如果罗马人不知道此种限制,则罗马法不过是一部残酷专制的法律"(《纯正法理论》第241页)。到了近代,各种单行法逐渐对法典上的权利予以限制,这种事实已频频惊现在我们的眼前,而我认为,其中最显著的实例就是法国。无论如何,单靠语言本身难以将意思完全表达出来,法律形式上的规定还必须依赖于国民法律思想上的认可始能

---

① 皮卡尔(Edmond Picard,1836—1924),比利时法学家和文学家,曾任新布鲁塞尔大学教授,著有《纯正法》等作品。——译者注

得以顺利的实施。在生存竞争日益激烈的情况下,强者往往借权利之名压迫弱者,这种现象反映在法律的文字用语上,就产生了所谓的权利滥用的概念。最初的判例是根据案件的具体情况针对法律解释技术上的弊病来救急,但当救急不起作用时,则由立法机关对各种既成的条文加以诸多的修正。然而,19 世纪至 20 世纪的社会对这种暂时的修正并不能感到满足。237在社会上、经济上经受了巨大变动的新欧洲深切感受到有必要确立抽象的权利滥用的概念,通过对所谓的社会问题在种种方面开展研究从而开创一个新局面,由此将这一困难的问题提到了我们的面前。

　　第二,将 19 世纪初出台的法国《民法》与作为 19 世纪末产物的德国《民法》相比,学者一般认为,一个是以契约自由为基础,而另一个则是依据于正义的观念。大体上,继承了 18 世纪的哲学而在 19 世纪初流行于世的政治、社会思想,都是统一建立在自由的观念之上。对于权利本身,也是理解为完全基于自由而存在,以至于到现在仍有不少学者在法律乃至权利上的观点属于所谓的"自由说"。依据此学说,法律是用来确定行为自由的界限,权利是行为自由的能力,因此,法律一旦确定了自由的范围,则在该范围内赋予238权利人自由行动的能力,至于权利人行使权利的目的和形式则在所不问。实际上,以前在政治、道德、法律、经济等所有方面都是将自由一词作为理想的旗帜和标志,今天却并非如此。相对于往日的个人主义,新的团体思想逐渐发展起来;伴随着共同观念的日益明显,所谓社会连带关系的主张也广泛地进入到了社会上所有问题的讨论之中。从这个角度来看,权利滥用的问题可以说得上是对社会思想发生巨大变迁的当今时代的最明显的反映吧!

　　第三,在权利滥用的概念上,也有学者持有将法律与道德相结合的思想,耶斯曼①好像就属于这种情形(参见夏蒙前揭第 116、121 页)。这种观点似乎认为,仅限于当法律无特别的限制时,则权利的范围即视为是绝对的。然而,仅从成文法的形式并不能达到法律解释的目的。法律解释要根据关于法律基本观念的见解来加以确定。由此,正如该观点所认为的,统一

---

　　① 耶斯曼(Adhémar Esmein,1848—1913),法国法学家。——译者注

由法律的形式来确定权利内容的做法,体现了只要法律形式上不存在限制
239 就听任个人自由活动的个人主义思想,最终归结于对法律背景的考虑。然
而,法律的背景应当是国民的思想。只有了解了国民的思想,才能由此领悟
法律的真意。成文只是一种形式,在本质上,法律要随着国民思想的演进而
同步发生内容上的变更,这也正是皮卡尔所说的,法律精神在不同人群之间
往往存在理解上的不能统一(《纯正法理论》第 241 页)。所以,由于法律与
道德不可分离,以前只是应受道德制裁的事情,现在可能要上升为法律,这
也并没有什么不妥。尽管法律的范围因个人主义的主张而屡经不适当的压
缩,但不能不考虑到,20 世纪的今天从《人权宣言》时代开始已经过去了一
个世纪。

第四,最近在关于法律解释方法的理论上也有不少认真的研究。在法
240 律适用中,不再将成文法作为唯一的基础,而是结合法律背景下的社会思潮
来理解法律的真意并适用法律。法律是社会的反映,因此法律的解释不能
不由社会的解释推导而来。我并不认为法典依解释就能得以维持生命的永
久。但是,法典要追随社会的每天变化而经常修正,这既做不到,也没有实
际上的必要。法律最基本的渊源就在于国民的需求和社会的理想,而成文
法是这种渊源的存在实体,通过对成文法的偏颇狭隘的注释以及对法律演
进过程的干瘪乏味的探索,并不一定能够了解国民的需求和社会的理想。
所以,对于法学上的主观的新思潮(参见拙稿《法学协会杂志》第 21 卷第 9
号),不但要作为一种立法论加以倾听,也要重视其作为解释论而提供的扎
实根据。惹尼的私法解释论之类恰恰揭示了这种情况,权利滥用的问题由
此而愈发成为应当关注的问题。

241   无论是在立法论上还是在解释论上,权利滥用的问题既是不容易的问
题,又是极其重要的问题,同时还是饶有趣味的问题。我在此只是将其作为
当前的问题揭示出来而已。

第九节　《少年法》的成立

《少年法》作为 1922 年第 42 号法律与《矫正院法》一同公布。当"少年法案"在议会通过之时,我写了这篇简短的感想并寄给留冈幸助先生,后来发表在留冈幸助先生的《人道》杂志第 200 期。

"少年法案"终于在议会获得通过。对于"少年法案"固然有不少的反对理由,但我仍然是一位希望"少年法案"通过的人。此法案近来已成为法律,法案实施之日的到来亦为期不远。然而,要使该项法律成为真正意义上的法律,仍需要我辈的继续努力。

一①

我国的《少年法》绝对不完美,但为什么一定要等待所谓的完美法律呢?所谓法律的适用,就在于使不完美的法律得以完美地运用和推行。以前的法学信奉所谓"恶法亦法"的格言,然而新的法学已经抛弃了这样的格言。无论对什么样的恶法,都要化作良法适用和推行,这才是真正合理的法律适用之道。因此,我认为可以说"法无恶法"。更何况,我国的《少年法》虽难免不完善,但还完全没有达到可称为恶法的地步。所以,我们的任务就是,对《少年法》中不完善的地方进行充分的探索和认识,然后对之进行合理的适用和推行。

---

① 原书中本文的五个部分都只有分节号,为便于阅读,本译本将分节号代之以数字排序。以下同。——译者注

二

有人主张说,我国当今的社会还没有达到适用推行《少年法》的成熟度。尤其是,《少年法》要依赖所谓的保护司即保护长官之手而实施和推行,然而,我国现在还难以找到适当的保护司,甚至可以说完全不能找到。当局者对于此点虽持乐观的态度,我却认为不必如此乐观。尽管这样,我仍然认为,这项法律终归要付诸实施,由此自然也会促进保护司的发展。如果社会公众对于保护司的地位与职责不能适当理解,保护司制度也难以推行。此事仅靠法律之力是难以办到的,但法律无疑是使其系统运转的要素之一。

244 如果没有保护司,则《少年法》就不能顺利实施,同时,为使《少年法》得以顺利实施而付出努力,也正是促进保护司发展的一种方法。

又有人提出质疑说,在善良少年的保护指导上还有许多的事情要做,这些事情难道不比对不良少年的保护指导之事更应优先对待吗?我认为这种观点确实有一定道理。如果有不良少年的家庭都能从国家和社会得到积极的照顾,而对于家境惨淡却抚育善良少年的家庭,国家和社会却视其为理所应当而默然视之,这种做法无疑是不合适的。因此,我并没有因为《少年法》急于实施,就进而认为国家以至社会对于善良少年的成长设施可以等闲视之。然而,不良少年的问题仍属当务之急,无论如何,对此项急务不能不加快处置。从这个意义上来说,《少年法》问题的确是一个迫切的问题。

三

"少年法案"的宗旨体现在对于不良少年圆满地实现社会同化政策,将

245 不良少年改造成为社会的一员,对其生存权予以保障,同时提供机会使他们重返我们进步向上的团体生活。由此来看,将所谓的新理论作为刑法的基

本观念而采用并不是什么稀奇的见解。我认为这项理论并非一部《少年法》所独有，即使在一般刑法上也不能没有。无论如何，那种将法律效果的本质归于对不良行为制裁的所谓的报应主义早已成为过去的思想，新的理论刚好与它截然相反。"少年法案"明显体现了思想上的这种巨大反叛，在我看来，"少年法案"的通过既是非常有趣的事情，也是令人愉快的事情。

作为一种巨大的反叛，"少年法案"采用不定期刑，同时排斥死刑和无期徒刑的适用。死刑和无期徒刑（在放逐的形式）既是最原始的刑罚，也是在刑罚报应主义下最本质的刑罚。然而在今天，对于少年的不良行为，在法律效果的追求上就不能不与报应思想相隔离，其结果首先势必就要排斥死刑的适用，对于无期徒刑也是这样。由此，不定期刑的采用成为自然而然的事情。对于不良少年改造手段的效果，固然不能预先设定，但我认为不定期刑的采用对于传统的思想是一种极大的变革。

少年审判程序的简易化是《少年法》的另一特色。所谓程序的简易化 246 并不具有轻视程序的意味，而是意味着不因程序的简化而遮蔽事实真相。在刑事诉讼中，一般的程序往往不得不践行诸多繁琐的形式。程序制度的发展是为了防止裁判官的擅断并保障个人的自由，这在历史上和政治上具有坚实的基础。然而，这项制度的历史意义时至今日则逐渐丧失。刑事立法方面信赖裁判官的趋势近来特别明显，我国《刑法》所规定的广泛的刑罚裁量范围就代表了这种倾向，而"少年法案"则更是大力推进了这种发展的趋势。如此一来，《少年法》的适用已不再是最初的法律形式的问题，而是实质的社会问题。

247

与程序简易化相伴的是所谓裁判官常人化的问题，这应当引起充分的关注。"少年法案"称裁判官为审判官，审判官可由法官兼任，也可以兼任法官。不过，也有审判官不具备法官资格，这就是裁判官的常人化。这种常人化与那种常人裁判官即陪审制上的裁判官在宗旨上完全不同，而是特指将案件直接交由少年问题的专家执掌审判的意思。法官作为法律的裁判官无疑是内行，但作为少年案件的审判官则毋宁说是外行了。因此，对于少年案件，在法官以外选拔审判官，可能说使得审判完全走向专门化。我认为，在一般刑事诉讼尤其是少年审判案件中,对于案件事实进行形式上的认定尚无问题,但在案件所体现的具体关系中,尤其是在对不良少年的人格处置方面,应当采用何种具体的、合理的方法才是审判中应探究的重点,所以,审248 判官不得不选用少年问题的专家。不过,这里的专家不是指只具备狭隘的法律乃至其他科学知识的专家,而是除了具备法律乃至其他科学的造诣之外,还必须是富有常识、为人诚实、具备较高的道德情操、对人热情的人。

<h2 style="text-align:center">四</h2>

与一般刑事立法相比,"少年法案"的确是一种例外的立法。从"少年法案"的对象到其采用的程序,从担当审判官的人选到案件的处置方法,总而言之,法案全盘贯穿的精神对于以前的刑事立法来说都是突出的例外,因249 此,法案之中难免存在不少规定上的不彻底之处、可疑之处和矛盾之处。然而,当前对这些不足之处不能不予以容忍。在我看来,通过法律的合理适用,便可以将不彻底之处予以完善,将可疑之处予以纠正,将矛盾之处予以调和,对此我们必须付出努力的地方就在于此。我之所以将法律适用作为一门学问而进行研究,也正是因为领悟到了这一点。

当前的《少年法》虽然是一种例外,然而,例外法也并不是到任何时候都一直是例外法。对于学问上的一定原则,当确认一种例外情形时,这首先就完成了一种进步。之所以这样说,是因为凡是原则必有例外,而例外情形的250 确认更能够增加原则的精确性。如果一项原则不承认任何例外,则该项原则实际上已经失去了原则本身应有的完整性。正由于发现例外,包含了原则和例外的新原则才能得以确立,而在此项新原则之下,旧原则势必要被加以调整。如此而言,旧原则是在向着新原则逐渐地进化,这正是所谓的"原则因确认例外而进步",思想也同样难免受到该定理的支配。

五

　　春天来了,星星点点的小花在野外盛开。然而,远山之上还残留着白雪。早晚的风也一点不安稳。此时如果将山上的积雪与野外的小花一并观察,好像是存在矛盾的现象。这时,不妨可以将白雪视为原则,将野花视为例外。白雪虽深,却已困在远山;野花虽小,却已临于近野。白雪之远去与 251 野花之临近不正是体现了对冬尽春来、一元复始的确认吗? 如此说来,"少年法案"现在已成为法律,在其即将实施之际,尽管存在种种的不满意和指责,但其恰似野外盛开的一朵小花,我相信它在我国能够成为促进思想进化的契机。在此基础上,我坚信我们从以前的共同努力而领悟的人文意义一定可以圆满实现。

　　1922 年 3 月 23 日,即"少年法案"经众议院、贵族院通过的翌日 252

第十节　一厘事件的回忆

东京帝国大学法学院于 1922 年 10 月 27 日邀请大审院庭长横田秀雄博士对所谓的一厘事件发表演讲。为听取司法界实务专家的办案经验，法学院至此已经邀请了数位前辈前来演讲，横田博士则是最近的一个。

一①

所谓的一厘事件是一起违反《烟草专卖法》的案件。案件的基本事实是某被告人怠于向政府缴纳若干烟叶。问题在于，该被告人应缴纳的烟叶重量只有七分，价格也仅仅相当于一厘黄金而已。案件发生后，上自法院，下至街头巷隅，引起世人的广泛议论。尽管裁判所第一审、第二审均认定有罪，但最后大审院于 1910 年 10 月 11 日做出判决（《大审院判决录·刑事》第 16 辑第 1620 页），认定被告无罪。

二

不幸的是，我因为公务上的事情而错失聆听横田博士讲演的机会。判决宣布之时，我也刚好在国外，未能亲身体会到当时学界对案件是非问题的热烈讨论。所以，对于错失聆听横田博士精心讲演的好机会，我现在感到非

---

① 　原书中本文的六个部分都只有分节号，为便于阅读，本译本将分节号代之以数字排序。以下同。——译者注

常遗憾。在此，我只想顺着这次讲演，在年轻人所面临的不断更新的今天，借一厘事件的回忆将我对于判决的感想表达出来。

三

对于这个判决，我并不准备从专业技术的角度予以评判，而是只想对作为判决背景的思想进行考察。判决称："对于物质世界的现象，应该根据纯粹的物理上的原则做出判断，在观察事物时，事物的有无之间存在着截然分明的界线，不得为人意所操纵。只要事物确实存在，哪怕只有秋毫之末，也要一定要承认其存在，不允许因为事物的细小就将其视为不存在而置之不理。虽然这样，但从国民共同生活的关系上观察事物时，则往往不必仅拘泥于物理的观念。"这令我不禁想起以前关于电力盗窃的判例。关于是否应当将电力盗窃行为视为旧《刑法》上的窃盗罪，当时有不同的议论，学说方面还是以无罪说最为强势，因此，裁判所第一审、第二审均判决无罪。罪刑法定 主义提倡尊重所谓的法律安定性，在贯彻罪刑法定主义的精神下，对于作为《刑法》用语的"物"这一概念只能从物理的意义上加以解释。然而，最后大审院做出有罪判决，认为对于"物"这一概念的解释不一定非要依从物理的观念，而是应当运用一种社会的价值判断。关于电力盗窃的判决他处另行论述。我对于一厘事件的判决所特别感兴趣的地方在于，判决在论及法律上的概念（此处为烟叶）时所说的"应由国民共同生活的关系观察事物"，这表明了法律用语的解释不能不以社会的价值判断为基础。以前在法律解释上，"恶法亦法"的格言被滥用，成为维持法律安定性的唯一样式。然而，法律本身就是规范，而规范的本质在于价值判断，由此，我们在法律适用上的态度就不能不进行彻底的转变，而该项判决正明确揭示了这种宗旨。

四

　　判决又称:"有关刑罚的法律是对我们共同生活的条件加以规定的法律,因此应当将维持国家秩序作为唯一的目的。如果这样,则法律解释应当主要准照该国所发现的共同生活上的观念,而不可仅依物理上的观念。然而,对于极其轻微的违法行为,只有在认定犯人不属于具有危险性而应处罚的特殊情况,且从共同生活的观念出发,已不认为是侵害了刑罚制裁下应要求法律予以保护的法益,则在有关刑罚的法律面前,才不存在施加刑罚制裁

257 的必要。立法的宗旨不能不说就在于这一点。"该项判决并非仅因涉案标的是细微物品(此处仅为烟叶)才未套用法律上的概念。"轻微的违法行为仅限于不属于应确认犯人具有危险性而应处罚的特殊情况",因此才应当将之排除在刑罚之外。因此,如果在能够确认犯人危险性的特殊情况下,即使涉案标的只是细微物品,仍不得不适用法律的概念而认其有罪。无论如何,所谓法律上的概念,并非是为了概念而予以概念,而是作为社会价值的表达才具有意义。从这个意义上来说,我们盲目执着于法律概念的做法实非得当。但是,法律的价值判断是通过概念来表达的,只有对其概念依逻辑而使用,法律的安定性才能得以圆满实现,因此,我们对于概念也不能全然置之度外。由此而言,我们又是根据概念才使价值判断得以保全。换句话说,依概念而使概念得以向上进步。如果某一概念在适用的同时能使得价值判断得以保全,则该概念自然可以照旧适用;如果某一概念不能使其价值判断得以保全,则该概念势必应当依价值判断而对其内容予以调整。

　　在大审院的其他判决中,对于涉案标的仅值黄金一厘的盗窃财物行为,

258 也有认为并不妨碍盗窃罪成立(1915 年 6 月 22 日判决)的情况。虽然涉案标的也是细微的物品,但根据犯罪事实的具体情节属于"应当认定犯人具有危险性的特殊情形",则仍应判定为窃盗罪。从这个意义上来说,我们在适用概念之际,务必要深入考察案件事实的具体情况。

五

对于概念,一方面要作为概念而予以尊重,另一方面又要经常依价值判断而对之进行调整。就犯罪来说,在犯罪的成立要件上,除事实性(我一直将行为的危险性称为事实性)以外,还必须要考虑违法性。在论及犯罪行为是否具备《刑法》分则各条所规定的事实(在此是从"概念上"而言)要件之外,更要探讨在该行为与法律整体精神具有何种关系上的价值判断,即务必　259要明确该行为是否违反了公共秩序和善良风俗,是否满足了违法性要件。

在世人的议论中,有人认为一厘事件的判决表明了细微物品不能视为法律上的事物。基于这种观点,一方面存在对该项判决的批判,另一方面也同时存在对该项判决的支持。在我看来,无论其批判也罢,支持也罢,都没　260有什么道理,相信该项判决的宗旨绝对不会如此的简单。

六

关于事物的具体性与价值判断的关系以至行为的违法性等问题,时至今日,经过年轻学者之手已经得到了非常清楚的阐释,而同时在判例的变迁上也出现了应当关注的新趋势。1910 年关于一厘事件的这个比较老的判决在这些方面给我们提供了重要的启示,今天又不禁回想起来。
　261

1922 年 11 月某日

图书在版编目(CIP)数据

法律的进化与进步/(日)牧野英一著;孟祥沛译.—北京:商务印书馆,2021(2021.12重印)
(日本法译丛)
ISBN 978 - 7 - 100 - 19323 - 8

Ⅰ.①法… Ⅱ.①牧…②孟… Ⅲ.①法学—研究 Ⅳ.①D90

中国版本图书馆 CIP 数据核字(2019)第 005459 号

权利保留,侵权必究。

日本法译丛
法律的进化与进步
〔日〕牧野英一 著
孟祥沛 译

商 务 印 书 馆 出 版
(北京王府井大街36号 邮政编码100710)
商 务 印 书 馆 发 行
北京艺辉伊航图文有限公司印刷
ISBN 978 - 7 - 100 - 19323 - 8

2021 年 3 月第 1 版　　　开本 787×960 1/16
2021 年 12 月北京第 2 次印刷　印张 8¼ 插页 2
定价:68.00 元